ANTROPOLOGIA HIPERDIALÉTICA

Incluindo o ensaio
"São os Guajá hiperdialéticos?"

Conselho Editorial
Ataliba Teixeira de Castilho
Felipe Pena
Jorge Grespan
José Luiz Fiorin
Magda Soares
Pedro Paulo Funari
Rosângela Doin de Almeida

Proibida a reprodução total ou parcial em qualquer mídia
sem a autorização escrita da editora.
Os infratores estão sujeitos às penas da lei.

A Editora não é responsável pelo conteúdo da Obra,
com o qual não necessariamente concorda. O Autor conhece os fatos narrados,
pelos quais é responsável, assim como se responsabiliza pelos juízos emitidos.

Consulte nosso catálogo completo e últimos lançamentos em **www.editoracontexto.com.br**.

Mércio Pereira Gomes

ANTROPOLOGIA
HIPERDIALÉTICA

Incluindo o ensaio
"São os Guajá hiperdialéticos?"

Copyright © 2011 Mércio Pereira Gomes

Todos os direitos desta edição reservados à
Editora Contexto (Editora Pinsky Ltda.)

Foto de capa
Arte rupestre, autor desconhecido
Montagem de capa
Gustavo S. Vilas Boas
Diagramação
Ana Marconato
Revisão
Camila de Felice

Dados Internacionais de Catalogação na Publicação (CIP)
(Câmara Brasileira do Livro, SP, Brasil)

Gomes, Mércio Pereira
  Antropologia hiperdialética : ciência do homem, filosofia da cultura / Mércio Pereira Gomes. – São Paulo : Contexto, 2011.

  ISBN 978-85-7244-643-3

  1. Antropologia 2. Antropologia filosófica 3. Antropologia social 4. Lógica e cultura 5. Pesquisa antropológica I. Título.

11-03921   CDD-301

Índice para catálogo sistemático:
1. Antropologia hiperdialética : Sociologia
301

2011

Editora Contexto
Diretor editorial: *Jaime Pinsky*

Rua Dr. José Elias, 520 – Alto da Lapa
05083-030 – São Paulo – SP
PABX: (11) 3832 5838
contexto@editoracontexto.com.br
www.editoracontexto.com.br

Para Luiz Sérgio Coelho de Sampaio (in memoriam)
e para Tatiana, tudo por amor.

Sumário

PARTE I: Fundamentos da Antropologia Hiperdialética 9

A Antropologia em questão 11

Hiperdialética ou o Sistema Lógico Hiperdialético, em resumo 13
    Lógica e Cultura 15
    Sobre as Lógicas 15
    Figura 1 – Sistema Lógico Hiperdialético ou Quinquitário 16
    A Lógica da Identidade (lógica I ou I) 16
    A Lógica da Diferença (lógica D ou D) 18
    A Lógica Dialética (lógica I/D ou I/D) 21
    A Lógica Sistêmica (lógica D/D ou D/^{2}) 23
    A Hiperdialética ou Lógica Quinquitária, ou ainda Lógica
    do Ser subjetivo em sua integralidade (lógica I/D/D ou I/D/^{2}) 25
    Figura 2 – Escolas antropológicas nodais 27

Lógica e história da cultura 29
    Pré-lógica I – Caçadores e coletores igualitários e animistas 30
    Pré-lógica D – Agricultores e nobres hierarquizados pela teocracia 30
    Figura 3 – História hiperdialética da cultura (pré-simbólico) 31
    Lógica I – Deus Um simbólico 31
    Lógica D – O nascer da Filosofia 32
    Lógica I/D – Deus trino medieval 33
    Lógica D/D – O triunfo da ciência 34
    Figura 4 – História Hiperdialética da Cultura Ocidental (Oriental) 35
    Lógica I/D/^{2} – Nosso destino utópico 36

ANTROPOLOGIA HIPERDIALÉTICA E SUAS LÓGICAS 37

A FORMAÇÃO DO PENSAMENTO ANTROPOLÓGICO 41
   Figura 5 – Pioneiros da Antropologia. 43
   Evolucionismo sociocultural:
   a Lógica Dialética ou a dimensão da mudança – a história 43
   O funcionalismo estrutural durkheimiano e a Lógica da Diferença
   ou a dimensão do inconsciente, da alteridade e da multivariedade 48
   O particularismo cultural e a Lógica da Identidade
   ou a dimensão da autoidentidade 52
   O estruturalismo e a lógica ou dimensão sistêmica 53
   Figura 6 – Antropólogos nodais segundo a Antropologia Hiperdialética. 57
   O pós-estruturalismo e o encantamento da Lógica da Diferença 59
   Figura 7 – Antropólogos na pós-modernidade. 62
   A Antropologia Hiperdialética e a lógica ou a dimensão hiperdialética 63

METODOLOGIA ANTROPOLÓGICA HIPERDIALÉTICA 67
   Epoché, etnoexocentrismo, *rapport*.. 67
   Escuta, observação participante.. 69
   Diálogo, historicidade.. 69
   Sistematicidade, redes, contextualidade.. 71
   O relativismo cultural... 72
   Evolução sociocultural... 74
   A Hiperdialética como método 82
   Figura 8 – Metodologia Hiperdialética. 83

A ANTROPOLOGIA HIPERDIALÉTICA EM AÇÃO: TRÊS EXEMPLOS 85
   A questão indígena no Brasil 86
   A relação homem/mulher... 87
   O racismo americano e sua busca de superação 88

CONCLUSÃO: PARA QUE A ANTROPOLOGIA HIPERDIALÉTICA? 91
   As antropologias configuradas nas lógicas básicas............................... 92
   Para onde vai o ser humano? 95

PARTE II: SÃO OS GUAJÁ HIPERDIALÉTICOS? 97
   Meu encontro com os Guajá 109

NOTAS 125

O AUTOR 127

Parte I

FUNDAMENTOS DA ANTROPOLOGIA HIPERDIALÉTICA

A Antropologia em questão

Há pouco mais de 30 anos, a Antropologia sofreu uma guinada inesperada em sua trajetória de ciência do Homem. Assentada desde o século XIX em teorias e visões de cunho científico, orientadas ora pela Lógica Dialética – como o evolucionismo sociocultural, a ecologia cultural e o marxismo –, ora pela Lógica da Identidade – como o culturalismo e o funcionalismo –, ora pela Lógica da Diferença – com os durkheimianos da Escola Sociológica Francesa –, e, por fim, pela lógica clássica ou sistêmica – como o estruturalismo –, a Antropologia foi açoitada por um tal vendaval de extravagâncias e exigências que a chacoalhou em suas modestas certezas científicas e em seus sinceros propósitos humanistas a ponto de, em certos momentos, pressentir que, talvez, nem mais sentido faria. Hoje ela aí está a cambalear zonza e atônita com o que lhe vem acometendo. Alguns ainda buscam firmar de volta seu passo altaneiro, outros acham que cambalear é o seu destino.

É chegada a hora de um acerto de contas com esse estado de coisas, de enfrentar as incertezas e os dilemas, de rediscutir os princípios e as teorias que dão sustentação ao pensar antropológico e formular as bases constitutivas de uma nova teoria da Antropologia, dentro da qual se abriguem e se concertem com justeza as lógicas e as teorias que contribuem para entender o fenômeno humano. Esta nova Antropologia é qualificada como *hiperdialética* por derivar do sistema lógico hiperdialético ou quinquitário criado pelo filósofo e lógico brasileiro Luiz Sérgio Coelho de Sampaio (1933-2003).[1] Assim, a Antropologia Hiperdialética pretende ser um constructo teórico e metodológico que, ao invés de renegar sua formação e seu legado teórico e etnográfico, incorpora-os e subsume-os como contribuições formativas, burilando-as e rearrumando-as em uma nova ordem de compreensibilidade. A Antropologia Hiperdialética tem como autoimposta tarefa enfrentar e superar as aporias atuais da reflexão antropológica, seu abismo de incompreensibilidade, a nulificação do Homem e sua desnaturalização; porém, seu objetivo precípuo é o de lançar uma nova luz sobre o fenômeno humano – a cultura, os aspectos sociais e culturais *lato sensu* e a relação do Homem com a natureza – como uma totalidade coerente, compreensível e significativa, tanto em si mesmo como em relação com a natureza/universo do qual faz parte. Ela se projeta alicerçada em fundamentos científicos, mas também realçada por considerações lógico-filosóficas. Intentando não somente abarcar e avaliar, mas também propor uma nova visão sobre o fenômeno humano, a Antropologia Hiperdialética, além de se constituir em pensar científico-filosófico, porta consigo consciente e necessariamente um engajamento ético. Na sua concepção intelectual e prática, a Antropologia Hiperdialética é o resultado das reflexões conjuntas de um antropólogo e de um filósofo que têm trabalhado com os temas da cultura e da sociedade igualitária e hierárquica, tais como política, economia, psicanálise, lógica e filosofia.

Hiperdialética ou
o Sistema Lógico Hiperdialético,
em resumo

Antes de proceder à apresentação das teses e argumentos constitutivos da Antropologia Hiperdialética, faz-se necessário apresentar o sistema lógico hiperdialético que dá suporte lógico-filosófico a esses argumentos. Esta não será a tarefa mais fácil para a compreensão do presente trabalho – e quiséramos simplesmente remeter o leitor aos textos do filósofo Sampaio –, porém consideramos que, sem um esclarecimento primordial do que seja o sistema lógico hiperdialético, nossos argumentos a respeito da constituição da Antropologia Hiperdialética poderão se tornar ainda mais difíceis de ser compreendidos.

Hiperdialética é um neologismo criado por Luiz Sérgio Coelho de Sampaio para se referir ao sistema lógico que dá conta dos diferentes modos em que opera o pensamento humano. De início, que fique claro que a noção de lógica usada por Sampaio é bem mais ampla que o sentido tradicional de lógica, qual seja, o procedimento formal de raciocínio, criado por Aristóteles (384 a.C.-322 a.C.), que se baseia nos princípios da identidade, da não contradição e do terceiro excluso, da causalidade, da indução e da dedução. Para Sampaio, a lógica tal como estabelecida por Aristóteles, conhecida como lógica clássica ou lógica do terceiro excluso, é tão somente uma das lógicas dentro do sistema lógico hiperdialético, embora a mais amplificada dentre as quatro lógicas de base. A lógica clássica serve de base ao método científico e dá conta daquilo que se entende por conhecimento científico, mas não de todos os modos possíveis de pensar e conhecer. No sentido mais amplo, proposto por Sampaio, lógica é uma forma de pensar que visa ao objeto, qualquer que seja, do fenômeno humano ao universo, portanto, falando metafisicamente, o Ser, a partir de sua composição formal ou de suas dimensões formais constitutivas. São cinco as dimensões do Ser, portanto, seriam as lógicas que lhes correspondem, sendo que as dimensões se fazem compreensíveis em sua integridade pela lógica superior hiperdialética, e, em parcialidade, por aquela lógica que melhor lhe corresponda.

Assim, além da lógica clássica, há três outras lógicas que a antecedem e uma superior que suplanta a todas. Portanto, no seu conjunto, o sistema lógico hiperdialético se constitui de cinco lógicas integradas entre si. As lógicas, ou modos de pensar, se realizam como uma maneira apropriada de visar a determinado ente, fenômeno ou objeto, focando em suas dimensões constitutivas, e cada ente, por essas dimensões, ou "modos de ser[2]", se revela àquela lógica que mais se lhe adeque. Assim, quanto mais consistentemente se possa usar de cada lógica do sistema hiperdialético, mais bem pensado e (re)constituído será o ente. Em outras palavras, todo pensamento ou ente pensado, não importa o quão multifacetado e desconexo pareça, torna-se compreensível por uma ou mais das lógicas do sistema hiperdialético.

Explicando por exemplificação: (1) a ideia de que alguma coisa (A) existe em si e que não pode ser algo diferente de si mesmo, nem que outra coisa (~A) possa lhe ser igual – a isto se chama o princípio da identidade/não contradição –, é uma dimensão do Ser que define sua existência em si. Sendo esse Ser uma pessoa, por exemplo, ele se caracteriza por sua unicidade e também por sua capacidade de autodeterminação e autoconsciência, e esta dimensão básica do ser humano se faz compreensível pelo modo de pensar denominado "Lógica da Identidade" (abreviadamente, lógica I, ou simplesmente I). (2) Aquilo que chamamos de inconsciente humano é uma dimensão do ser humano e é compreensível por uma lógica própria, contrária à Lógica da Identidade, chamada de "Lógica da Diferença" (lógica D, ou D). (3) A dimensão histórica do Ser, as transformações provocadas por processos internos, por crises ou conflitos se fazem compreensíveis por um modo de pensar que visa ao inter-relacionamento de contrários e suas superações, e este modo de pensar é formalizado como "Lógica Dialética" (lógica I/D, ou I/D). (4) Já a conhecida "lógica clássica" ou "Lógica Sistêmica" é própria para analisar e explicar os fenômenos partindo do pressuposto de que formam sistemas ou estruturas que incluem as três dimensões anteriores. Ao visar a um objeto como integrado num sistema, preservando as suas dimensões intrínsecas (identidade, diferença e temporalidade ou transformação), a Lógica Sistêmica é aquela que permite a formulação do conhecimento como ciência.

Lógica e Cultura

Ao ser aplicado à compreensão do fenômeno humano, especificamente da cultura e seu desvelamento ao longo da história, o sistema lógico hiperdialético se vale de uma associação direta – que remonta ao filósofo pré-socrático Parmênides (530 a.C.-460 a.C.), quando ele postula que "pensar e ser são o mesmo" – entre lógica e realidade vivida, isto é, cultura, entre uma forma de pensar e um modo de existir, ou, como se conhece nos meios sociológicos, entre ideologia e sociedade. Ou seja, as formas e os meios pelos quais o pensamento dá a ver e representa o mundo correspondem, de algum modo, à maneira como o mundo se realiza, no sentido de se tornar real e de se fazer real a si mesmo, isto é, de ser cultura.

É devido a essas duas premissas básicas – (1) que as lógicas que orientam os pensamentos correspondem a dimensões dos entes visados, e (2) que existe uma correlação estreita entre lógica e realidade, entre pensar e ser – que se pode argumentar que uma proposição teórica se constitui por meio de uma lógica que corresponde ao ente visado e que também reflete o modo de ser do ente visado. A partir dessa constatação é que se pode vislumbrar a gama de possibilidades, o alcance e os limites de perceber, analisar e reconstituir o fenômeno humano nesta nova configuração teórica. Como consequência prática, pode-se analisar qualquer ente ou aspecto cultural, identificar sua constituição lógica e daí obter uma conceituação mais precisa e mais completa desse ente em sua dimensão identitária, em sua inconsciência ou alteridade, em suas origens, em suas conexões com outros entes, e, enfim, em seus significados e propósitos transcendentes.

Sobre as Lógicas

O sistema lógico hiperdialético é formado por quatro lógicas básicas denominadas *Lógica da Identidade* (I), *Lógica da Diferença* (D), *Lógica Dialética* (I/D) e *Lógica Sistêmica* ($D/^2$), e coroado por uma lógica regente, a *Lógica Hiperdialética* ($I/D/^2$), que subsume todas as demais, dá-lhes sentido integrador, assim como dá conta de si mesma. As quatro lógicas básicas são, embora nem todas com precisão, conhecidas do mundo intelectual e filosófico e foram desveladas e formuladas por filósofos no passado, enquanto a lógica regente e a configuração do sistema é obra do filósofo Sampaio. Para facilitar o entendimento, o sistema hiperdialético pode ser vislumbrado como uma pirâmide, cuja base de quatro vértices seriam as duas lógicas fundamentais (I e D) e duas derivadas (I/D e D/^{2}), enquanto o vértice superior conformaria a Lógica Hiperdialética. Por ser composto por cinco lógicas, o sistema foi cognominado por seu autor de quinquitário.

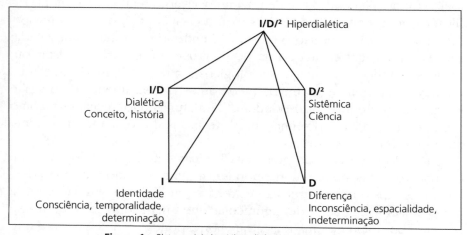

Figura 1 – Sistema Lógico Hiperdialético ou Quinquitário.

Trataremos agora de fazer um breve resumo explicativo das cinco lógicas do sistema hiperdialético, procurando apresentar exemplos simples de sua aplicação em temas diversos, em especial a Filosofia e a Antropologia. Resta ainda indicar que o sistema lógico quinquitário é precedido – quando se aplica ao estudo do desvelamento da cultura na história da Humanidade, e até em outros entes de naturezas diversas – de dois momentos chamados de pré-lógicos, que seriam a pré-Lógica da Identidade (ou ainda a lógica da pré-identidade) e a pré-Lógica da Diferença (ou a lógica da pré-diferença). Esses modos de pensar serão retomados na seção seguinte, quando tratarmos da história da cultura.

A Lógica da Identidade (lógica I ou I)

A primeira lógica no fulgurar do pensamento filosófico é aquela que dá conta, no nível de percepção mais imediato, qual seja, o nível fenomênico, do Ser-em-si. Por essa lógica entende-se que o Ser existe, que um determinado ente é ele próprio, autocontido. Isso quer dizer, por exemplo, que qualquer ente, seja uma árvore, uma pedra ou um átomo, existe em si, está aí, independente da existência ou não de outra árvore, do tempo, do buraco negro ou da consciência de outrem sobre ela. No segundo nível de realidade, que é o nível objetivo, que corresponde à realidade dos entes mais simples e chega até os seres mais complexos, em especial os animais cordatos e de inteligência superior, a lógica I corresponde à autodeterminação do Ser. Nesse nível objetivo, a Lógica da Identidade dá conta da existência do Ser e de sua capacidade de saber que ele é e que existe para si e secundariamente em relação ao outro. Em palavras simples, a Lógica da Identidade é aquela que permite a um cachorro ou a um gorila saber que ele existe, que está no mundo. Já no nível mais superior da realidade, ao que denominamos de nível da subjetividade – que corresponde à realidade da existência humana –, a Lógica da Identidade visa à dimensão da autoconsciência do ser humano, autoconsciência esta que se projeta no mundo como autodeterminação. Isto quer dizer que é pela Lógica da Identidade que o homem sabe de si, que tem consciência de si e que se afirma no mundo.

A articulação original da Lógica da Identidade pode ser atribuída ao filósofo eleata Parmênides, quando ele postula que aquém e além da diversidade presente no mundo está a sua unicidade; ou ainda, que tudo que existe é uma coisa só, e que aquilo que parece diverso não passa de ilusão; ou, em outras palavras, que o Todo é Um. Ao dizer que "o que é, é, e o que não é, não é", Parmênides evidencia o princípio da identidade pura. Lembremos que Parmênides foi um dos diversos filósofos pré-socráticos que elaboraram os argumentos que favoreceram a passagem das explicações sobre o mundo desde o discurso mitológico para o discurso naturalista (*physis*), e eventualmente para o discurso filosófico. Ele está entre os primeiros que, indo além das proposições que davam distinção aos elementos naturais – fogo, ar, terra, água – na explicação da constituição do mundo, propõem uma explicação absolutamente abstrata do mesmo. É interessante notar que, com base nesta lógica do "Todo ser Um", não muito mais tarde, o filósofo Demócrito (cerca de 460 a.C.-370 a.C.) postula que o mundo, em toda sua amplitude, não passa de uma representação fenomênica de construções multifárias a partir de um imenso número de partículas mínimas, invisíveis e indivisíveis, a que ele chamou de "átomo". A formulação de tal ideia, tão visivelmente irreal, constitui uma demonstração de que, uma vez identificada e articulada uma lógica, esta produz efeitos. Coisas antes desconhecidas de repente emergem como se fossem do nada. Com efeito, a reconhecida genialidade da intuição de Demócrito derivaria não menos de uma anterior – ainda mais genial –, por ser mais elementar!

No plano religioso da existência subjetiva, vê-se que a Lógica da Identidade é aquela que permite a um povo, no caso, os hebreus, formular o sentimento da existência de um Ser supremo, Jeová, que seria ele mesmo o Um e o Todo em suas qualidades de todo-poderoso, onisciente, onipresente e eterno. Assim escutou Moisés de Deus, quando subiu ao alto do Monte Ararat, em absoluta completude e autorreferência: "*Eu sou o que sou* (o que sempre foi e o que sempre será)".

A Lógica da Identidade foi abordada por vários filósofos depois de Parmênides. Além de marcar o princípio da identidade, ela passou a ser a base da discussão filosófica que trata da *verdade*. Se o Ser existe, então também existe a verdade do Ser, a verdade como *alétheia*. Aristóteles discute esses pontos atribuídos a Parmênides em várias de suas argumentações no *Organon* e na *Metafísica*.

Na modernidade iluminista, a Lógica da Identidade foi reafirmada por Immanuel Kant (1724-1804), quando trata do sujeito consciente e quando fala do Ser-em-si como uma realidade própria. Um seu discípulo, Johann Fichte (1762-1814), que se debruçou mais especificamente sobre questões de lógica, se deu conta da Lógica da Identidade e, elaborando sobre as ideias pertinentes de Kant, anotou esta lógica como I = I; isto é, como o Ser é idêntico a si mesmo, ou, no nível subjetivo, o Ser-consciência sabe que é Ser. Ao criticar essa anotação, Sampaio a aprimora e escreve-a como sendo I (x) = I; isto é, o Ser autorreflexivo é igual ao Ser, ou, em outras palavras, o Eu, como autoconsciência, correspondo a mim mesmo.[3]

A aplicação da Lógica da Identidade ao pensamento antropológico se dá cristalinamente na conceituação mais festejada de cultura, qual seja, de que é uma entidade única, singular, *sui generis*. A cultura é o que é, autodetermina-se e só é explicável por seus próprios termos. Esta foi uma das ideias centrais desenvolvidas pela escola que se conveio chamar de *culturalismo* ou *particularismo histórico*, cujo principal criador foi o alemão Franz Boas (1858-1942).

A Lógica da Diferença (lógica D ou D)

A Lógica da Diferença foi vislumbrada ao mesmíssimo tempo da Lógica da Identidade, aliás, como seu contrário, pelo filósofo Heráclito (540 a.C. -470 a.C.), da cidade de Éfeso, ao reconhecer a natureza esquiva, imprecisa, mutável e ambígua das coisas. Duas das mais famosas e enigmáticas frases de Heráclito falam por si: "Ser e não-Ser são o mesmo", e "Ser e não-Ser são e não são o mesmo". Outra frase parece mais clara: *panta rhéi*, "tudo flui". A igualmente famosa passagem em que ele argui que nenhum homem atravessa o mesmo rio duas vezes exemplifica a natureza incerta e mutável das coisas – os entes – e conduz à concepção de que o mundo é, sim, uma multiplicidade de entes transitórios que estão em perpétuo movimento e constantes mutações, sempre diferentes umas das outras. Isto é o que na Filosofia grega ficou identificado como o Múltiplo. A Lógica da Diferença atesta basicamente que além do Um existe o Outro, que vem a ser o não-Um ou a extensão do Um, ou ainda, o Múltiplo. Tudo sendo e não sendo ao mesmo tempo. Portanto, nos termos filosóficos inaugurados por Heráclito, o Ser e o não-Ser podem ser o mesmo e também diferentes, ao mesmo tempo. E mais: o Ser é uma eterna mudança, ou devir. Em suma, a Lógica da Diferença representa tanto a permanente continuidade do Ser quanto sua inconsistência, mutabilidade e ainda seu caráter paradoxal.

Considerar essa visão das coisas como uma "lógica" foi algo difícil na história da Filosofia, sobretudo porque ela desafia um dos princípios básicos daquilo que veio a se constituir na chamada lógica clássica, de Aristóteles, qual seja, que algo não pode ser uma coisa e outra coisa diferente ao mesmo tempo, isto é, para algo ser "lógico" tem que obedecer ao princípio da não contradição. No nível objetivo, a Lógica da Diferença se realiza como extensibilidade do outro, como *res extensa*. O outro se apresenta como inesgotável diferenciação, como a inconsistência de Ser, sendo, portanto, tanto Ser como não-Ser. No nível subjetivo da realidade, a realidade humana, a Lógica da Diferença é reconhecida como fulcro do inconsciente humano, aquele espaço que se opõe à consciência, seja como contraste e desafio, seja como raiz ou berço indefinido de onde tudo emana, inclusive a consciência. Por ser assim, a Lógica da Diferença se apresenta como a raiz mesma do pensar filosófico, que emerge como origem, como *arché*, como *logos*, mas também como dúvida e questionamento do Ser. Eis onde se situa sua maior potência e de onde ela é mais utilizada. Para a ciência, a Lógica da Diferença se apresenta como o resíduo do que já foi definido, como o inexplicável do explicável. Em termos axiomáticos, a lógica D pode ser escrita como A = não-A. Em contraste com a lógica I, a lógica D aceita perfeitamente o princípio da contradição. Ela é de fato o próprio princípio da contradição. Ela governa, portanto, o inconsciente, e dá suporte para o duvidoso, o incoerente, o paradoxal, assim como, inesperadamente, à empiria generalizada, a *res extensa*, o corpo, em contraste com o espírito, por exemplo. A lógica D permite ver o que é invisível, imaginar a continuidade, sentir que tudo é possível, e o real, intangível.

O pensamento heraclitiano foi aplicado desde cedo pelos céticos e sofistas. Ao tempo de Sócrates (469 a.C.-399 a.C.), eles usavam desta lógica para ensinar que a verdade (*alétheia*) era improvável, apenas as opiniões poderiam ser reais, porque multifárias e cambiantes, e, de algum modo, úteis, algo que exasperava Sócrates profundamente e contra o que ele se rebelou e estabeleceu seu modo de pensar.

Nos tempos pré-iluministas, o matemático e pensador francês Blaise Pascal (1623-1662) usa da lógica D para explicar que a razão (a lógica clássica) tem seus limites, e que a emoção também é pensar e se baseia numa lógica própria ("o coração tem razões que são inexplicáveis pela razão"). Apesar de favorecer explicações das coisas do mundo pela matemática, Pascal intui que o mundo é mais do que sistematicidade. Sua preocupação maior se focava na busca de uma nova explicação para a existência de Deus, que não mais parecia ser satisfeita pelo escolasticismo tomista, baseado na lógica aristotélica, diante do desafio que as explicações científicas, cada vez mais aceitáveis para o público em geral e para os novos intelectuais em particular, traziam àqueles tempos. Entretanto, levariam ainda quase dois séculos para, diante da aplicação filosófica de várias lógicas (I, I/D e D/D) visando à formalização do pensamento científico, surgir sem quê nem para quê Soren Kierkegaard (1813-1855) para balançar as certezas da dialética e do pensamento científico. Kierkegaard põe em dúvida com veemência a sintetização do processo dialético recém-formalizado por Friedrich Hegel (1770-1831), propondo que a antítese, ao se contrapor à tese, nunca se constitui em nova síntese, mas permanece como tal em seu próprio percurso ou se desdobra em novas entidades. Em consequência, Kierkegaard reintroduz, em pleno século xix, a inconsistência do Ser, a ambiguidade e, por conseguinte, o intuitivo, o paradoxo, o "ou/ou" a partir de onde a síntese nunca se realiza, a não ser, no caso cristão, pelo "salto de fé". Arthur Schopenhauer (1788-1860), ao criticar a dialética hegeliana, e Friedrich Nietzsche (1844-1900), ao criticar a Filosofia como uma história da reificação do conceito, também têm a lógica D como a base de seus pensamentos. No que foram seguidos mais tarde por Martin Heidegger (1889-1976), com sua renovação de Heráclito, a busca pelo logos e a supremacia do ser-aqui-agora (*dasein*).

Por sua vez, Sigmund Freud (1856-1939) se imbui da lógica D para estabelecer a verdade existencial do inconsciente (e até seu predomínio sobre o consciente, em muitos aspectos), com todas as suas características paradoxais e involuntárias, como sendo uma parte fundamental da mente humana. Essa postulação revolucionaria as ciências humanas de muitos modos, e tem seu paralelo no social na obra de Émile Durkheim (1858-1917), como logo veremos. Dando prosseguimento à obra de Freud, Jacques Lacan (1901-1981) argumenta sobre a estreita associação entre os processos do inconsciente mental e o significante da língua e consolida a existência da lógica D, chamando-a de "lógica do significante". Mais recentemente, filósofos como Jacques Derrida (1930-2004) e Gilles Deleuze (1925-1995) baseiam-se fortemente nesta lógica para expor suas visões anti-identitárias sobre o mundo e o fenômeno humano, considerando-os cambiantes, ambíguos e elusivos – visões que se constituíram na base teórica do pensamento pós-moderno.

No pensamento antropológico, a aplicação de argumentos com base na Lógica da Diferença, ainda não entendida como tal, é que permitirá a Émile Durkheim atribuir a uma determinada entidade não empírica, chamada de "consciente coletivo" (por analogia com a consciência individual, conquanto que, na verdade, deveria ser "inconsciente" coletivo, já que é impossível e irreal uma coletividade operar uma consciência de si), a principal força centrípeta da sociedade e a que produz consequências por processos semelhantes àqueles do inconsciente individual. O indivíduo na sociedade age por moto próprio, sem dúvida, como Ser autodeterminado (lógica I); porém, age de acordo com modos e atitudes que são semelhantes e, portanto, comuns a outros indivíduos, muitos deles com quem o indivíduo nem se comunica, nem sabe de quem se trata. Seu comportamento é aprendido na coletividade por um processo semelhante ao processo de aprendizado linguístico e da linguagem do sonho. O (in)consciente coletivo desponta nesse pensamento antropológico como uma entidade intangível, porém real, algo maior do que a soma das partes que, no entanto, tem força própria, que orienta, se não controla, o comportamento humano na sociedade, ou naquilo que se entende por cultura.

A Lógica Dialética (lógica I/D ou I/D)

A Lógica Dialética foi primeiro pensada por Platão (428 a.C.-348 a.C.) para dar conta e superar o dilema grego entre o Ser e o não-Ser, temas trazidos pelos pré-socráticos Parmênides e Heráclito, entre o Um e o Múltiplo, entre a verdade em si e a opinião de cada um, temas debatidos pelos sofistas. Da superação dessas dicotomias surge a *ideia*, isto é, o conceito, que agrega em si a unicidade do Ser e sua multiplicidade. O conceito, como a ideia platônica, é uma realidade abstrata, só real na mente. A Lógica Dialética é, portanto, a fusão ou síntese das duas lógicas básicas precedentes: a Lógica da Identidade e a Lógica da Diferença. A dialética é a lógica que totaliza, por um processo de síntese, por um instante que seja, o Um e o Múltiplo, tese e antítese, o diverso em coexistência, formando uma nova entidade. No processo dialético, a entidade resultante desintegra as anteriores, mas também, de algum modo, conserva um tanto de cada uma. No processo de sintetização, os elementos originais de cada uma das lógicas constitutivas perdem suas características substantivas e tornam-se meios para uma construção futura. No nível objetivo da realidade, a dialética dá conta do conceito, tal como proposto por Platão.[4] Já no nível subjetivo, conforme Hegel, a dialética governa a mudança consistente e direcionada, a transformação do Ser, digamos, assim, do próprio pensamento. A dialética dá conta da história, isto é, da continuidade transformadora do fenômeno humano, da cultura, por desvelamento e rumo a uma destinação. Tal aplicação se deve obviamente a Hegel, dois mil anos depois de essa lógica ter sido concebida e aplicada por Platão. Na interação do Um com seu oposto ou seu Múltiplo, a síntese formada dá sentido e justifica o processo de superação das diferenças. O resultado histórico vira a realidade histórica, conforme Hegel. É por isso que, em um sentido muito forte, a dialética é uma lógica estratégica, porém limitada por sua totalização imediata; portanto, pode-se dizer, oportunista, pois ela acomoda, justifica e aceita elementos díspares dentro do desenrolar das contradições, tendo em vista certo fim ulterior (o resultado inevitável), uma totalização que se torna uma nova realidade pela superação. O famoso *dictum* de Hegel, segundo o qual "o real é verdadeiro, e a verdade é o real", acentua esse processo finalístico e oportunístico da verdade da dialética, o qual tem sido criticado por muitos como a justificativa conservadora do *status quo*, qualquer *status quo* e, em particular, no caso do próprio criador, o *Zeitgeist* alemão. Não é preciso lembrar, nos últimos duzentos anos, dos useiros e vezeiros da dialética que a têm manipulado, como justificativa de meios escusos, visando a um determinado fim.

A dialética foi aplicada no pensamento antropológico pelo evolucionismo sociocultural, mais diretamente por Lewis Henry Morgan (1818-1881) e, em seguida, por Karl Marx (1818-1883) e Friedrich Engels (1820-1895). Aqui a ideia é que o fenômeno humano é produto de uma história e também está sempre em mudança, sendo essa mudança dada pela contradição de elementos que o compõem, e seus resultantes sintéticos sempre direcionados a um fim inevitavelmente superior à sua condição anterior. A dialética é necessariamente teleológica, ao contrário da noção de devir, tal como apresentado pelos seguidores de Heráclito, onde nunca ocorre síntese de elementos conflitantes, nem tampouco há qualquer finalidade na mudança. Além do evolucionismo sociocultural e da Antropologia marxista, pode-se avaliar que o conceito de adaptação ao meio ambiente, tão usado pelos teóricos e praticantes da ecologia cultural, pressupõe também uma dialética, embora, neste caso, a adaptação seja uma resposta finalística e não constitua necessariamente uma síntese.

A Lógica Sistêmica (lógica D/D ou D/^{2})

A Lógica Sistêmica foi concebida por Aristóteles, o grande filósofo grego que sistematizou o conhecimento da época, bem como definiu os parâmetros lógicos em que esse conhecimento se faz cognoscível. Também conhecida como lógica clássica, lógica aristotélica, lógica do terceiro excluso e, ainda, para Sampaio, lógica da dupla diferença, esta é a lógica que define a sistematicidade do Ser. No seu grande livro *Organon*, Aristóteles estabelece diversas séries de condições da existência do Ser. Numa delas, o Ser existe em si (causa formal), existe como matéria ou substância (causa material), como processo ou no tempo (causa eficiente) e como finalidade (causa final). Noutra série o Ser existe como predicados em que se destacam as posições que correspondem às três lógicas precedentes e à nova posição da Lógica Sistêmica. Isto é, o Ser existe como substância, como diferença, como movimento e em conexão com os demais seres. Nessa qualidade, o Ser é um todo em interação consigo, estruturado, sistêmico, suscetível de previsão e capaz de gerar outros seres iguais a si. Porém, a sistematicidade do Ser, conforme proposto por Aristóteles, não é "natural", e sim convencional, no sentido de que é definida dentro de um recorte de um determinado universo, do qual são excluídos elementos não identificados à qualidade do Ser, terceiros elementos não concebidos. Por conseguinte, a Lógica Sistêmica, ao contrário da lógica D, não admite inconsistências, paradoxos e indeterminações. Obviamente, esta é a lógica própria da Matemática, que rege a ciência em geral e a Física, como seu exemplo paradigmático, mas também rege qualquer entidade que tenha propriedades relacionadas com a ciência e com o método científico.

Em suma, a Lógica Sistêmica abriga em si as três lógicas anteriores, o que significa que ela leva em conta a coisa em si e sua temporalidade (I), sua alteridade e espacialidade (D), seu conceito e sua historicidade (I/D), e, por fim, seu caráter sistêmico (D/^{2}).

O florescer da Lógica Sistêmica nos tempos modernos ocorreu com o desabrochar do pensamento científico, de uma adaptação premonitória da Filosofia patrística ao escolasticismo, que se inicia pelo ressurgimento de Aristóteles no mundo medieval e pelos comentários e proposições dos primeiros filósofos pré-modernos, como Pierre Abelardo (1079-1142), Alberto Magno (1193 ou 1206-1280), Tomás de Aquino (1225-1274) e Duns

Scotus (1265-1308). Preservando a ideia de Deus como verdade absoluta, os novos pensadores adotaram Aristóteles para pensar o mundo, em toda sua complexidade e inconsistência. Mais tarde, Francis Bacon (1561-1626) iria estabelecer o método indutivo, o experimentalismo, a observação, a comparação e a rejeição a pré-conceitos mentais (ídolos) como um novo método de análise o qual daria sustentação teórico-metodológica às novas ideias sobre Astronomia e Física, formuladas por Johannes Kepler (1571-1630), Galileu Galilei (1564-1642) e Isaac Newton (1643-1727). Por fim, com a aplicação dessas ideias e métodos ao fenômeno humano pelos filósofos iluministas, a partir de René Descartes (1596-1650), e culminando com Immanuel Kant, o novo modo de pensar a natureza e o Homem estava assentado definitivamente na lógica clássica (lógica D/^{2}), aquela do terceiro excluso, do recorte convencionado, tendo o sujeito pensante como seu formulador e agente (lógica I), conforme proposto tanto por Descartes quanto por Kant.

No pensamento antropológico, que até praticamente meados do século XIX está ainda imiscuído e indistinto no pensamento sociológico em formulação, a Lógica Sistêmica se apresenta, outrossim, como a pretensão da Antropologia de ser parte disciplinar do conhecimento científico, de respeitar os condicionamentos empíricos, indutivos e dedutivos da ciência, como ciência positiva, e, *baconianamente*, de se posicionar livre de preconceitos. Isto fica evidente desde o alvorecer dessa disciplina, com o surgimento do evolucionismo sociocultural e, antes, com as formulações do positivismo de Auguste Comte (1798-1857) como uma ciência sistematizada e previsível do fenômeno humano. Desse modo, pode-se dizer que, para se considerar ciência, a Antropologia se inicia e se firma necessariamente pela Lógica Sistêmica, seja com Morgan, Tylor (1832-1917), seja ainda com Boas (1858-1942), Malinowski (1884-1942), Radcliffe-Brown (1881-1955) e Durkheim, seja com Lévi-Strauss (1908-2009), Geertz (1926-2006) e a grande maioria dos antropólogos, exceto porventura os mais dedicados ao diferencialismo pós-moderno. Lévi-Strauss nos serve de antropólogo protótipo da aplicação da Lógica Sistêmica, com suas formulações estruturalistas, sua ideia de modelo, a dessubstancialização do Homem e seu reducionismo lógico do fenômeno humano a estruturas mínimas as quais, no limite, seriam tão mínimas que seriam diádicas – 0,1 –, como as bases de um programa de computador, que seriam, enfim, da mesma natureza das conexões neuronais do cérebro humano. Com o estruturalismo lévi-straussiano, a Lógica Sistêmica alcança seu desenvolvimento máximo, usando o modelo gramatical da linguística, de modo que sua Antropologia se torna capaz de dar entendimento, ainda que parcial, às Antropologias anteriores, por, de algum modo, contê-las como dimensões de sua totalidade, ainda que dimensões subdimensionadas.

A Hiperdialética ou Lógica Quinquitária, ou ainda Lógica do Ser subjetivo em sua integralidade (lógica I/D/D ou I/D/^{2})

A Lógica Hiperdialética está um passo à frente da Lógica Sistêmica, que rege a ciência, na concepção do mundo e especificamente do fenômeno humano. Isto quer dizer, para a surpresa de muitos, que a ciência, ou a Lógica Sistêmica, não constitui o limite máximo da inteligência humana. Acima dela rege a Lógica Hiperdialética, da qual todos os seres humanos são dotados e capazes de usar.

A hiperdialética é o ápice do sistema hiperdialético, regendo as lógicas básicas e dando-lhes sentido integrativo e transcendente. A hiperdialética se apresenta como um sentido superior de autoconsciência, de propósito, intencionalidade e direcionamento que dá sentido tanto ao indivíduo quanto à sociedade. No nível subjetivo individual, a hiperdialética é inata ao ser humano que pensa potencialmente com todas as propriedades lógicas nela contidas, embora nem sempre em todos os momentos, para todos os fins e com igual competência individual.

A Lógica Hiperdialética é produto genuíno da Filosofia de Luiz Sérgio Coelho de Sampaio. Esta é a lógica humana mais alta possível, precisamente por ter a capacidade de abarcar por síntese superior, de natureza hiperdialética, as quatro lógicas anteriores, indo além delas pela capacidade de supervisionar as suas consequências práticas e teóricas.

Como a Lógica Hiperdialética é uma descoberta muito recente e tem tido poucas aplicações além do trabalho de seu criador,[5] há poucos exemplos explícitos do seu funcionamento na história mundial e em proposições filosóficas.

No mundo físico, a hiperdialética tem sido utilizada para oferecer novas explicações tanto sobre o princípio antrópico (Sampaio, 2001) quanto sobre as relações lógicas entre partículas elementares e as forças da natureza, tal como apresentado por Sampaio em seu livro *Física, forças e partículas*.[6] Há também aplicações do filósofo em manuscritos ainda não publicados sobre Psicanálise, Economia, cultura e Ontoteologia, além de temas variados.

No universo humano, talvez o exemplo mais claro que demonstra o funcionamento da Lógica Hiperdialética se encontre no âmbito da própria linguagem humana. De fato, os cinco atributos da linguagem correspondem ao caráter quinquitário da hiperdialética, a ver:

1. A língua tem a propriedade de autorreferenciamento; ela fala de si e para si (lógica I, correspondente à dimensão da autoidentidade), algo que é impossível em linguagens formais, como a Matemática.
2. Ela se objetiva por meio de, e em referência a, algo fora si (lógica D, a dimensão da diferença ou alteridade) – que é a natureza da representação.
3. Ela é simbólica e histórica, ou seja, é representada por algo que corresponde a algo fora de si própria e se valida por convenção, e muda ao longo do tempo sem perder o caráter de ser ela mesma (lógica I/D, dimensão dialética).
4. É sistematicamente convencional em forma de regras gramaticais (lógica $D/^2$, dimensão sistêmica).
5. E, mais importante ainda, o significado, que é a coroação e realização última da linguagem, transcende todas as características anteriores, pois é ilimitado. Em outras palavras, a linguagem tem como sentido e finalidade uma ilimitada complacência com o significado; ou ainda, a linguagem é irrestritamente dependente do contexto, como Noam Chomsky (1928-) mostrou em sua análise sobre tradução computacional ou automática.

O sinal mais evidente da presença operativa da hiperdialética pode ser encontrado na capacidade criativa do ser humano, como é detectável no ato da criação de novas palavras, conceitos, signos e símbolos, na reorganização ou criação de novos sistemas e na antecipação para além da intuição do que está por vir – sem ter todos os elementos conhecidos para tanto. A poesia e a Filosofia, na medida em que são entendidas como criação ou invenção de conceitos, símbolos e signos, constituem-se em evidências da operacionalidade da Lógica Hiperdialética. As descobertas científicas, mesmo aquelas que eventualmente são realizadas por força do acaso, têm também um vínculo estreito com a Lógica Hiperdialética.

Sendo este trabalho uma exposição dos fundamentos lógicos e filosóficos para a formulação de uma Antropologia Hiperdialética, não há como estimar a aplicação da Lógica Hiperdialética em escolas antropológicas precedentes. Certamente que muitos antropólogos foram capazes, aqui e ali, de produzir obras com laivos de compreensão hiperdialética, indo além das evidências coligidas pelo método científico e abrindo horizontes para novas visões. Entretanto, não há consciência de algo próximo à nossa visão hiperdialética. Em tempos mais recentes, com os experimentos de análise e interpretação usando lógicas variadas, destacam-se ao menos dois renomados antropólogos. Marshall Sahlins (1930-) vem nos últimos 50 anos elaborando explicações que enfatizam e mesclam sucessivamente as lógicas da identidade (pela influência essencial de Boas), da diferença – pelo uso de Durkheim e Mauss (1872-1950) –, da dialética – aplicando Marx e Morgan, ou White (1900-1975) e Steward (1902-1972) – e da Lógica Sistêmica (no encantamento com Lévi-Strauss), sem no entanto configurá-las sinteticamente pela hiperdialética. Já por outro viés, Clifford Geertz urde sua teia interpretativista fazendo uso da Lógica da Diferença pelos fios da linguística pré-estrutural saussurreana e do diferencialismo wittgensteiniano. Aqui e acolá entrecruza essa teia com um tênue fio de Lógica Dialética, ao tratar de Economia política e de nações, e com outro da lógica identitária, ao buscar um Ser, que, entretanto, se posiciona elusivamente num horizonte de possibilidades, fugindo, portanto, de uma síntese hiperdialética, nunca vislumbrada. Em consequência, seu trabalho termina contribuindo fortemente tanto para o desmoronamento da Lógica Sistêmica da Antropologia estruturalista quanto para o enfraquecimento compulsivo da dialética e da identidade. Geertz e outros antropólogos que lhe seguiram pelos signos marcados e pelas trilhas abertas nos apresentam experimentos interpretativos densos e interessantes aos quais lhes falta quiçá a visão hiperdialética para posicionar suas pesquisas numa plataforma de compreensibilidade integradora. Deixa-nos com uma aflita sensação de estarmos andando num nevoeiro com uma simples lanterna na mão.

Deixemos então para mais tarde os argumentos que constituirão a visão hiperdialética da Antropologia.

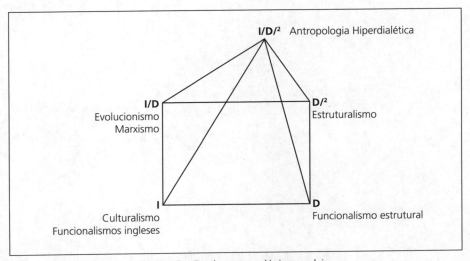

Figura 2 – Escolas antropológicas nodais.

Lógica e história da cultura

O sistema lógico hiperdialético postula que o indivíduo humano é um ser único e universal, dependente, mas também potencialmente independente da cultura que o abriga, possuidor de todo o potencial lógico humano e que exerce esse potencial na medida de suas possibilidades biológicas, sociais e propriamente culturais. Por outro lado, a cultura, como o coletivo humano duplamente consciente e inconsciente de si, não é um ser consumado, ainda está em transformação desde o início da humanidade, portanto, vem se realizando através de cada uma das lógicas, seja em estado puro, ou *nodal*, seja em estado misto, como é o caso da grande maioria das culturas existentes. Retomando o entendimento parmenidiano de que pensar corresponde a ser, cada uma das lógicas básicas corresponderia a um equivalente protótipo de cultura, chamado por Sampaio de "cultura nodal". Em princípio só haveria sete tipos de culturas nodais, as quais corresponderiam às cinco lógicas e às duas pré-lógicas precedentes. Estas últimas representam culturas que ainda não teriam alcançado o nível de representação lógica em sua concepção cosmogônica ou religiosa, estando formalmente ligadas a aspectos da natureza. A representação fulcral das lógicas nas culturas se dá nos seus modos de crer, naquilo que comumente se chama de religião.

A história da cultura é, portanto, a história de seu desvelamento, a realização do potencial lógico que existe no nível coletivo a partir do indivíduo. Compreende-se desdobramento, caso queira, como evolução da cultura como modo próprio do coletivo humano. Compreende-se sempre cultura sem nenhuma relação com raça ou etnia.

Pré-lógica I – Caçadores e coletores
igualitários e animistas

A humanidade se constituiu, além de suas características biológicas especiais, pela cultura, desde a capacidade de autoconsciência, de fabricar objetos e de estabelecer sua sociabilidade pela proibição original do incesto. No plano econômico ou de sobrevivência física, a humanidade iniciou sua trajetória histórica como caçadores-coletores-pescadores com estilo de vida nomádico. No panorama etnográfico, o conteúdo filosófico das religiões desse tipo de sociedade, não obstante suas variações, pode ser interpretado como se estivesse externando o desejo mais recôndito do homem de retorno ao momento biocultural anterior à sua existência, qual seja, de relacionamento indiferenciado com a natureza, em que homens e animais se encontram em diversos níveis de relacionamento e onde a compreensão do corte entre cultura e natureza é realizado tão somente com consciência de sua mútua proximidade. O momento pré-lógica I da humanidade é próprio de sociedades cujas economias se desenvolvem no máximo até o nível da horticultura, ou da agricultura de pequena a média monta, autorregulado, isto é, não dependente do trabalho alienado, onde a caça e a coleta permanecem de forma efetiva e essencial para a autoidentidade da sociedade, e prevalece até o ponto máximo em que a igualdade social começa a ser sobrepujada pela desigualdade social emergente e passa a perder controle das cosmogonias naturalistas e dos sentimentos religiosos.

Pré-lógica II – Agricultores e nobres
hierarquizados pela teocracia

Com a intensificação da dependência da sociedade à agricultura e à sedentarização, reforçada pelo trabalho alienado e, no limite, pelo trabalho escravo – formando em seu interior uma estrutura de desigualdade social –, o *ethos* da nova sociedade emergente passa a ter cada vez mais um senso de dependência socioespacial e de apego à terra e à hierarquia social. Consequentemente, a religião anterior, de cunho animista – para usar um velho termo evolucionista –, perde sua força de coesão e dá vez a uma nova forma religiosa, com cosmogonias que separam o homem da sua natureza animal, embora ainda regularizando os espíritos de animais com qualidades mistas ou sincréticas do próprio homem. A nova religião vai se consolidar em estruturas de comunicação devota com espíritos de antepassados, na convivência com panteões de deuseshomens e na exaltação de qualidades humanas excepcionais. De formas político-sociais conhecidas como cacicatos, onde já prevalece a desigualdade social ritualizada, surgem formas mais e mais hierarquizadas, com distanciamento cada vez maior entre elites político-religiosas e um povão campônio radicado aos afazeres da terra e servindo como contingentes de defesa e em exércitos de guerra. Floresce a sacralização da desigualdade social, de cuja herança a maioria das sociedades modernas ainda padece. A concentração populacional e o aproveitamento de invenções e técnicas estimulam uma crescente variação socioeconômica que vai culminar na formação dos grandes impérios clássicos do Ocidente e do Oriente, da América Central e do Sul. No auge do domínio da pré-lógica D, as sociedades avançam no conhecimento sistematizado, porém ainda como apreensão religiosa e mágica, sujeito à sanção sacral, como nos impérios babilônico e egípcio, entre os maias e os incas. A escrita emerge ao final desse momento como instrumento burocrático e religioso, mas ainda como signo metonimicamente referenciado, seja nos hieróglifos egípcios, nos cuneiformes babilônicos, nos ideogramas chineses e nos desenhos maias e astecas.

Estamos no limiar do simbólico.

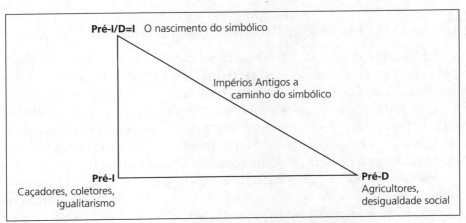

Figura 3 – História hiperdialética da cultura (pré-simbólico).

Lógica I – Deus Um simbólico

O surgimento da lógica I, aquela que reconhece o Ser-em-si e, portanto, se apresenta como identidade, vai aflorar numa cultura de baixa intensidade de desigualdade social, formada por uma pequena elite de teólogos e nobres e de pastores e pequenos agricultores, que transita nos interstícios dos impérios clássicos, ora submetida a eles, ora desafiando-os em busca de sua autonomia. A lógica I se manifesta em sua mais clara representação na formulação do Deus Um, no monoteísmo hebraico, na medida em que este se declara em suas próprias palavras como um ser simbólico, autorreferenciado, não personificado, o Absoluto que se posta como Um-com-o-Todo, como na célebre passagem bíblica em que Moisés sobe o Monte Ararat e ouve: "Eu sou o que sou (o que sempre foi e sempre será)", nada existindo fora Dele. E ordena que se destruam as imagens, as estátuas, os ícones, os referenciais animais, o bezerro de ouro, a materialidade do divino, o metonímico, o analógico.

A cultura nodal hebraica, não obstante seu restrito legado material para a história da Humanidade àquele tempo, tem outra significância essencial para a formação das demais culturas nodais que surgem no Ocidente. Ela reconhece a essência do Ser como ser simbólico, dá-lhe consistência sacral e com ele se identifica no desenrolar da história. Na produção da escrita simbólica, não referenciada a ícones, o início do alfabeto institui o simbólico como a alta abstração do Ser. A cultura passa a se referenciar por si mesma, não mais analógica ou ecologicamente, mas sim por simbologia convencionada.

Lógica D – O nascer da Filosofia

A lógica D é encarnada na cultura grega clássica, representada não tanto pelo panteão de deuses com características de super-homens, não mais de animais ou ancestrais, mas indo, além disso, ao lançar o desafio do homem aos deuses, ao se pôr em dúvida sobre o conhecimento mitológico e, portanto, ao se questionar sobre o Ser, o que vai dar na origem da Filosofia. A religião grega, a crença vivente em um panteão de deuses que agem como homens, e homens que se questionam sobre deuses, é a representação existencial/cultural da lógica D. Neste sentido, os romanos, quando se imbuem de sua vocação ao poder e a agregar povos em submissão aceitando suas respectivas religiões, e ao instituir leis de caráter filosófico e universal, também se apresentam como cultura da lógica D. Lógica da *res extensa* e da dúvida, do paradoxo e da inconstância, da paixão, do desregramento e até do comedimento, como reação, ao mesmo tempo. A cultura grega floresceu ainda mais com o culto ao corpo e à arte, com a elaboração do pensamento filosófico e com as bases da ciência, esta como forma de conhecimento sistematizado. Alexandre, o Grande, deu-lhe expansão e provou sua superioridade organizacional sobre os impérios de cultura pré-D, mas foram os romanos que ampliaram seus limites e "colonizaram", ou melhor, enculturaram as culturas que estavam em momento anterior, inclusive as tribos europeias da lógica pré-I. Outras culturas D surgiram à época, como a Índia, com seus miríades de deuses, seu culto ao corpo e seu oposto, como reação, o espírito infinito e a eternidade da morte, bem como a sacralização da desigualdade. Modernamente, pode-se sugerir que a Índia hinduísta tradicional, pela continuidade de quatro mil anos de tradição cultural, seria uma sociedade culturalmente arcaica, pois era baseada na lógica D num mundo em que outras lógicas já teriam se encarnado em culturas. Resumidamente, e não mais como sacralização, mas num sentido mais elevado, o florescimento da Filosofia como um distanciamento autoconsciente do homem da explicação mitológica e o perguntar pelo Ser têm sua inspiração originária na aplicação da Lógica da Diferença.

Lógica I/D – Deus trino medieval

É fácil discernir a religião cristã como decorrente da Lógica Dialética, por ser constituída pelo Pai (I, espírito), que se torna (antiteticamente) Filho (D, corpo) e se reconstitui (sinteticamente) como Espírito Santo (I/D). Com efeito, muitos sociólogos da religião têm analisado o cristianismo (I/D) como uma síntese do monoteísmo hebraico (I) com a Filosofia grega (D), seguindo não só as evidências históricas, mas também, em especial, as explicações apresentadas nos ensinamentos teológicos de São Paulo (9-64) e Santo Agostinho (354-430). Para muitos estudantes de Teologia, o chamado cristianismo patrístico se inspira abertamente na visão dialética de Platão.

O desenvolvimento da lógica I/D encarnada na Europa se deu, portanto, após o domínio do cristianismo como religião do Império Romano e dirigida para todos, *católico*, e envolveu todo o período medieval até o surgimento dos primeiros indícios da suplantação do platonismo por uma nova lógica advinda de Aristóteles. A partir do século XIII, com Pierre Abelardo, Alberto Magno e Tomás de Aquino, a lógica clássica aristotélica passa a representar uma nova visão do cristianismo, ao mesmo tempo em que o regime medieval estruturado socialmente pelo domínio de uma nobreza com o clero sobre uma massa de servos dá, às vezes, para o surgimento de uma nova classe de artesãos organizados, de comerciantes e banqueiros centrados em novas cidades, iniciando, assim, a fase do capitalismo em que hoje ainda vivemos. O capitalismo é tanto ou mais produto da lógica $D/^2$, quanto do desenvolvimento das forças produtivas!

Lógica D/D – O triunfo da ciência

A Lógica Sistêmica não parece possuir correspondente em nenhuma religião mundial, a menos que se acolha que a ciência produz algum tipo de fé religiosa, tal como os positivistas ortodoxos do século XIX tentaram construir com sua religião da humanidade, usando um modelo explicitamente trinitário (amor, ordem e progresso). Seria possível também considerar que o ateísmo ou o agnosticismo constituem atitudes religiosas que correspondem ao caráter mecânico e insensível da Lógica Sistêmica. De qualquer modo, a ciência, como aplicação da Lógica Sistêmica, de origem aristotélica, começa a renascer com sua aplicação como explicação do mundo e de Deus pela cabeça dos filósofos escolásticos que estavam vendo o mundo se transformar e precisando ser explicado por outra lógica.

A Lógica Sistêmica ou científica foi se desenvolvendo como o âmago orientador – com senso religioso – da formação socioeconômica que estava emergindo concomitantemente, formatando uma nova classe social pela sua função na organização do trabalho e na aplicação tecnológica, dessacralizando o mundo e varrendo o Deus trinitário, substituído tão somente pela tríade física: matéria, tempo e espaço, como fundamento da nova cosmogonia florescente.

Por oitocentos anos o mundo vem sendo progressivamente compreendido pela Lógica Sistêmica e integrado pelo capitalismo que dela depende. Entretanto, tal como o capitalismo, a Lógica Sistêmica em si mesma carece de uma síntese unificadora que lhe dê alma, isto é, ética e propósito. Diversos filósofos, ainda no século XIX, tinham pressentido esse caráter da Lógica Sistêmica e do capitalismo, ao mesmo tempo em que degradavam a sua falta de espírito. Hegel, Schopenhauer e Nietzsche são conhecidos, aos seus modos, como críticos desse tempo, o primeiro prevendo o que estava a vir, o último constatando-o, rejeitando-o e, por isso, pagando seu preço. O sistema capitalista e a Lógica Sistêmica são mecanicistas, convencionados e não naturais e, portanto, requerem um sujeito operador que os faça funcionar, um ser atuante. No capitalismo de cunho liberal, em sua origem, o sujeito operador mais bem reconhecido é o dito sujeito liberal, o *self-made man*, o *entrepreneur*, um operador com características próprias da Lógica da Identidade (I) que age na sociedade e no mercado como um ser autodeterminado, com projeto, em proveito próprio ou a serviço de todo o sistema. É o próprio sujeito pensante da ciência. No sistema econômico de cunho comunista ou para-comunista, esse operador é substituído por um sujeito coletivo, mas consciente, de Lógica Dialética (I/D), como o partido político, síntese de vontades diversas, almejando um objetivo comum que comanda a sociedade e o mercado por via do Estado. Na sociedade de cunho fascista, o operador age como um sujeito coletivo inconsciente, telúrico, portanto, de lógica diferencial (D), representado por noções como o "espírito do povo", como se estivesse agregando o desagregado de classes conflitivas, comandando "a pátria" por sobre a sociedade e pelo Estado.

O mundo contemporâneo, conectado e globalizado, onde o capitalismo é propulsionado por sua última fonte de atividade, o desejo de consumo, com sua aparente multiplicidade político-cultural e plasticidade identitária, parece ser regido por um operador cada vez mais intangível, irreconhecível, oportunista, amoral e sem referência a qualquer esteio identitário, uma espécie de inconsciente mercadológico, como se fosse proveniente da lógica D. Não surpreende que as Filosofias diferenciais são as mais prevalentes sobre as Filosofias identitárias nos últimos 40 anos! Entretanto, há que se imaginar que, na medida em que a sociedade pós-moderna alcançar o seu auge, seus limites de operacionalidade vão se tornar cada vez mais controláveis pelo sistema, no caso, pela pseudo-onisciência da ciência, pela informática e pela robótica, obscurecendo as possibilidades da consciência e da vontade humanas. Eis a estrutura da pós-modernidade: um vaivém, uma oscilação entre o operador da lógica D com o operador da lógica $D/^2$. Por quanto tempo a pós-modernidade durará não nos é dado prever. O que nos resta é ficar alerta e esperar que, na aurora de um novo tempo, seja previsível identificar o surgimento de outro operador que poderá vir a ser de uma nova e mais poderosa lógica de caráter libertário para dar um novo rumo ao fenômeno humano.

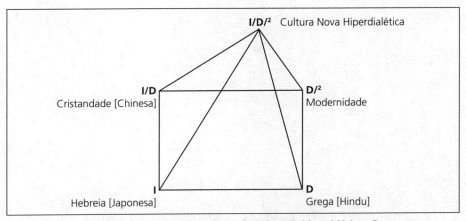

Figura 4 – História Hiperdialética da Cultura Ocidental (Oriental).

Lógica I/D/² – Nosso destino utópico

A sociedade do futuro está logo aí, seria possível dizer. Seu prenúncio pode ser distinguido nas instituições internacionais, nos mercados voláteis se desmoronando, nas concentrações de poder econômico, nos bilionários, nas crises cada vez mais globais e descentralizadas, nas mudanças no regime do trabalho, na homogeneização da cultura etc. Conquanto a ciência esteja produzindo cada vez mais conhecimento da vida e de sua estrutura, ela não responde pelos elementos que não estão contidos no recorte que ela faz do mundo e que despontam inesperadamente, com dinâmica imprevista, porque pertencem a uma realidade maior do que o sistema científico pode explicar e a lógica D/² pode abarcar. Eis que surgirá concomitantemente nova lógica e nova cultura. Quando, de onde e como, ainda não nos é dado conhecer, nem prever.

Por isso é que não vemos, no meio do redemoinho da vida, nenhuma forma nova de pensamento sagrado que evidencie com clareza os fundamentos da Lógica Hiperdialética. Temos, no entanto, a ideia de que, em existindo tal lógica, ela há de se fazer presente em tempo breve futuro. Talvez um novo sentimento ético-religioso, de congraçamento de todos os povos e culturas, acolha em si uma certa inefável e individualizada atitude de igualdade entre os Homens, de reverência e respeito da humanidade para consigo mesma e para com a natureza e o Absoluto. De todo modo, uma nova cultura está ainda para surgir e se firmar no mundo.

Antropologia Hiperdialética e suas Lógicas

A Antropologia Hiperdialética é a proposição teórica e filosófica que almeja explicar o fenômeno humano com o apoio do sistema lógico hiperdialético. Ela compreende o fenômeno humano como sendo constituído por cinco dimensões, cada uma das quais se desvela à sua respectiva lógica do sistema hiperdialético. Assim, o fenômeno humano prototípico ou *sui generis*, que é a cultura, tem sido analisado diversamente pela ênfase que se dá à sua dimensão identitária (lógica I), sua dimensão diferencial (lógica D), sua dimensão histórica (lógica I/D) e sua dimensão sistêmica (lógica $D/^2$). Isto se reflete na formação das correntes ou escolas antropológicas que se desenvolveram desde meados do século XIX. Assim, no alvorecer do conhecimento positivo, da formalização dos princípios científicos aplicados ao fenômeno humano por Auguste Comte e outros, desponta, já com espírito sistêmico, a Antropologia de cunho evolucionista e marxista, que se opera pela Lógica Dialética (I/D), conforme se apresentam as proposições teóricas de Lewis Henry Morgan, Edward Tylor *et al.* e Karl Marx. Em seguida, pelo final do século XIX, o evolucionismo sociocultural sofre uma forte crítica tanto ao caráter científico de seus dados quanto ao seu suporte lógico-teórico, e, por assim dizer, a Lógica Dialética (I/D) se desmembra em seus componentes (I) e (D), os quais correspondem precisamente às duas teorias e escolas que vão predominar na Antropologia por muitos anos. Por um lado, situam-se as variedades que se baseiam na Lógica da Identidade (I), quais sejam, o particularismo histórico ou cultural de Franz Boas, o funcionalismo de Bronislaw Malinowski e a variação funcionalista de Radcliffe-Brown. Por outro lado, demarca-se concomitantemente a escola que se ilumina pela Lógica da Diferença (D), qual seja, o funcionalismo estrutural de Émile Durkheim. Por fim, pela década de 1940, emerge em grande estilo o estruturalismo, que se baseia na Lógica Sistêmica ($D/^2$), através das proposições teóricas advindas da linguística estrutural e da sua aplicação etnológica pela veia intelectual de Claude Lévi-Strauss.

A Antropologia Hiperdialética, baseada na lógica $I/D/^2$, pretende abarcar, subsumir e ultrapassar todas essas teorias e escolas, sem deixar de reconhecer e absorver suas contribuições lógicas e metodológicas, bem como seus legados etnográficos. Outras contribuições feitas por antropólogos, no passado e no presente, podem ser encaixadas em alguma dessas variações sem maiores danos. O pós-modernismo, que despontou na Antropologia em decorrência do desmoronamento do estruturalismo, como um "pós-estruturalismo", não obstante sua aparente diversificação de interesses e temas, realiza-se intelectualmente acima de tudo pela Filosofia diferencialista de Gilles Deleuze, e, antes de ser um passo à frente, será analisado como uma espécie de regressão à vigência operacional da Lógica da Diferença. Ainda uma última observação: embora as principais características de qualquer escola de Antropologia possam ser atribuídas à operacionalização de determinada lógica, cada conjunto teórico contém também qualidades e argumentos advindos de outras lógicas. Em outras palavras, nenhuma escola antropológica se correlaciona exclusivamente com uma determinada lógica. Além disso, todas as escolas de Antropologia são basicamente científicas, no sentido de que elas se lastreiam na Lógica Sistêmica para focarem o fenômeno humano como possuído de uma natureza sistêmica. As distinções e divergências que surgem no pensar antropológico, que diferenciam e caracterizam as escolas, encontram-se na ênfase ou na focalização que cada uma dá ao fenômeno humano a partir de uma ou outra dimensão deste fenômeno.

A Antropologia Hiperdialética principia pelo reconhecimento de que, ao longo dos últimos 160 anos (desde a publicação da *Liga dos Iroqueses*, em 1851, pelo americano Lewis Henry Morgan), um corpo de conhecimento foi criado em base científica sobre a visão de que o humano é um fenômeno complexo de relações normatizadas entre pessoas, instituições, coletividades e a natureza, e, por inerente carência, o supernatural, o Absoluto, formando sistemas de condicionamento mútuo, cujas incoerências provocam mudanças e cujas ambiguidades dão espaço para a criatividade e a renovação. Por sua vez, a Antropologia Hiperdialética postula que o fenômeno humano é compreensível em cada relação particular, em cada cultura, pelo sujeito pensante, tanto como observador de fora como enquanto nativo.

O fenômeno humano, que corresponde ao nível subjetivo da realidade, é composto como uma integridade pentadimensional, e cada uma das dimensões se faz compreensível por uma das lógicas. Dado que há cinco dimensões humanas e cinco lógicas, haveríamos de considerar que o desenvolvimento da Antropologia, como modo de pensar o fenômeno humano, se daria pelo desvelamento dessas dimensões. De fato, isto tem ocorrido até agora no que concernem as quatro dimensões básicas, porém o desvelamento da quinta dimensão, a hiperdialética, ainda está para se concretizar em uma cultura que a faça inteligível. Como tal não ocorreu até agora, o conjunto teórico-filosófico que surja para explicar essa dimensão está por ser elaborado. É este o sentido da fundação de uma Antropologia Hiperdialética.

Daí que, para iniciar esse processo, há que tornar autoevidente e transparente o histórico desse desvelamento. Eis o sentido da breve exposição que faremos em seguida sobre o desenvolvimento da Antropologia através das escolas principais que contribuíram para a sua consolidação no pensamento científico. Reiteramos que as escolas antropológicas têm como lastro lógico a própria Lógica Sistêmica, por ser esta a que define os princípios metodológicos e teóricos da ciência como tal. A diferença que se faz entre uma escola e outra está na ênfase que cada uma dá a uma determinada dimensão do fenômeno humano. Em muitos casos, essa ênfase chega a tal radicalismo que redunda em ferrenha oposição à outra que usa uma lógica diferente, provocando, em muitos casos, adversidade quase irreconciliável entre seus respectivos participantes. Afinal, a ciência e a Filosofia são feitas por humanos passionais. Não há como fugir disso. Entretanto, a visão proposta pela Antropologia Hiperdialética convoca essas posições diferenciadas a um entendimento pela valorização específica e formativa de suas respectivas visões e contribuições teóricas e metodológicas.

A FORMAÇÃO DO PENSAMENTO ANTROPOLÓGICO

O pensamento antropológico é aqui entendido como o pensamento sistematizado ou formal sobre o fenômeno humano *qua* cultura, isto é, como o coletivo humano. Tradicionalmente, o pensamento antropológico surgiu como o pensar sobre o Outro, no caso, outra cultura, outra sociedade. Embora isso não mais prevaleça, já que grande parte dos antropólogos estudam e refletem sobre aspectos de sua própria sociedade ou cultura, a ideia de pensar sobre o Outro permanece como princípio metodológico da Antropologia. O ato inicial do Ser pensante é construir seu pensamento antropológico sobre algo que não é ele próprio, ainda que venha a ser seu coletivo, sua própria cultura. O segundo princípio metodológico da Antropologia é que o Outro é ou deve ser identificado como equivalente ao Mesmo. Isto é, o Outro deve ser visto igual em potencial ao Ser pensante em consonância com o princípio da identidade. Este é o momento que os fenomenologistas caracterizam como *epoché*, isto é, como o súbito encontro, liberto de preconceitos, do Ser com o Outro. Daí é que o pensamento antropológico é, a princípio, um ato ético que implica a capacidade de se desprender dos preconceitos próprios para penetrar e absorver os modos do Outro. Tal não é atitude fácil e real em absoluto, mas é o gesto imprescindível para que haja pensamento antropológico. A Antropologia Hiperdialética postula que essa atitude de *epoché* é possível não exclusivamente por causa de uma atitude ética e consciente, mas porque concebe o ser humano como possuidor de um inerente potencial de se desligar de seu etnocentrismo, de sua lealdade visceral à sua cultura, buscando entender e se comunicar com a cultura do Outro. A esse potencial chamamos, em trabalho anterior, de *etnoexo-*

centrismo,⁷ o qual está presente tanto no Homem indivíduo quanto no Homem coletivo, isto é, na cultura. Por analogia, o par etnocentrismo/ etnoexocentrismo seria equivalente aos termos egocentrismo *versus* altruísmo, como características potenciais do indivíduo.

O pensamento sobre o Outro se desenvolve, portanto, como um potencial de todas e quaisquer culturas. Isto implica dizer que, ao contrário da visão corriqueira da Antropologia contemporânea, qualquer cultura é inerentemente capaz de entender outra. Entretanto, como pensamento formal e com características científicas, o pensamento antropológico vai despontar amadurecido a partir dos estudos que ficaram conhecidos como evolucionismo sociocultural. Seus antecedentes remontam a descrições pioneiras de historiadores e viajantes desde a Grécia Clássica, passando por observações percucientes de pensadores como o árabe Ibn Khaldum (1332-1406), até chegar às primeiras reflexões sobre a portentosa e trágica aventura do encontro dos europeus com os povos ameríndios. Daí por diante, podemos contar como pioneiros da reflexão antropológica muitos cronistas e viajantes, padres missionários e aventureiros de todas as estirpes, em que, nas entrelinhas de seus textos etnocêntricos, encontram-se dúvidas sobre suas convicções e vislumbres de novo entendimento. De todos os pioneiros, o mais original e de maior repercussão a escrever algo com sentimento etnoexocêntrico foi, sem dúvida nenhuma, o grande proponente da possibilidade da transformação humana, o inglês Thomas Morus (1478-1535), com seu esplendoroso *Utopia* (1517), a ilha que abriga uma sociedade com potencial de realização do bem humano na Terra. Depois, com um viés autocrítico e irônico, surgem as considerações de Michel de Montaigne (1533-1592), o filósofo francês capaz de posicionar o outro – o índio tupinambá – em botas francesas, para mirar a sociedade francesa e refleti-la com a sua própria, em seu seminal ensaio sobre *Os Canibais* (1572). Finalmente, culmina o pioneirismo do pensamento antropológico com os estudos de Jean-Jacques Rousseau (1712-1778) nos textos magistrais *Origem e fundamentos da desigualdade entre os homens* (1755) e *Contrato social* (1762), onde as sociedades já se apresentam através de uma pré-dialética de ser e de não-ser, de igualdade e desigualdade, bem como de conservar-se e transformar-se, e ainda de estar no sistema. Classificando esses três grandes pensadores, eles antecipam o pensamento antropológico formal como exemplos da realização da pré-lógica I, quando Morus afirma o ser indígena como ser-em-si e com capacidade de autodeterminação; como pré-lógica D, quando Montaigne põe um espelho para sua cultura e para a cultura indígena e faz os dois se refletirem; e como uma espécie de pré-lógica I/D, quando Rousseau alinhava a sistematicidade da sociedade humana em transformação e ascensão. Dando prosseguimento, os pensadores iluministas e enciclopedistas seguintes, especialmente os franceses Denis Diderot (1713-1784), Marquês de Condorcet (1743-1794) e Barão de Montesquieu (1689-1755) consolidam a linha de teorização apresentada por Rousseau e se esforçam para dar sentido à massa de informações etnográficas e arqueológicas que vinha surgindo e acumulando. Ao final, ganham importância os fundadores da Sociologia, Conde de Saint-Simon (1760-1825) e Auguste Comte, a dialética de Friedrich Hegel abre caminho e, em tudo e por tudo, a visão da sistematização da vida social e a ideia do progresso e da evolução a tudo que concerne a vida, o Homem e o universo tornam-se hegemônicas.

Por conseguinte, não se evidencia como surpresa que as primeiras sistematizações da reflexão antropológica, a partir de meados do século XIX, tenham culminado em trabalhos por todos os méritos científicos já sólidos e maduros que tratavam do fenômeno humano como um sistema diversificado de povos e culturas, porém explicável por uma relação histórico-evolutiva. Daí por que faz-se mais fiel à Antropologia começar nossas considerações respeitando a história da formação da Antropologia a partir do evolucionismo sociocultural e de sua respectiva Lógica Dialética.[8]

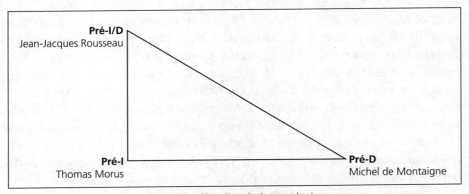

Figura 5 – Pioneiros da Antropologia.

EVOLUCIONISMO SOCIOCULTURAL: A LÓGICA DIALÉTICA OU A DIMENSÃO DA MUDANÇA — A HISTÓRIA

Todo fenômeno humano se realiza em uma dimensão temporal, ou diacronicamente, como se queira. Pode-se apreender essa dimensão como a mudança de algo de um ponto a outro e depois de volta a si mesmo como num ciclo, ou como tendo um direcionamento para frente como no desvelamento de um potencial, ou mesmo como não tendo qualquer direção percebida, mas se dirigindo a algum lugar, mesmo que seja nenhures ou o Abismo. Em todos os casos há mudança como parte do movimento.

Conforme apresentado anteriormente, a dimensão da mudança foi reconhecida pela primeira vez na Filosofia grega por Heráclito, no seu *dictum* "tudo flui" e na sua célebre observação segundo a qual "nenhum homem atravessa o mesmo rio duas vezes". Por isso, Heráclito é considerado por Hegel, e em seguida por Marx, como o primeiro filósofo a apreender o mundo de um modo dialético. No entanto, em uma interpretação diferente, Nietzsche e Heidegger tomaram Heráclito como o primeiro grego a conceber o fenômeno humano do ponto de vista da dimensão da diferença. O *logos* heraclítico seria o ser/tempo/espaço do todo e de onde tudo emana sem cessar. Por sua vez, Heráclito reconheceria o movimento como um contínuo de diferenciação, mas que não se encerra, não fecha o movimento para estabelecer uma totalidade sincrética, a formação de uma nova entidade estática. Seguindo essa interpretação, e compreendendo que a Lógica Dialética vem do resultado da interação entre a Lógica da Identidade e a Lógica da Diferença, ou, em outras palavras, entre as dimensões da autoidentidade e da diferença, consideramos não Heráclito, mas Platão, como o primeiro filósofo a estabelecer os princípios da dialética. Isto ele fez ao propor que a realidade superior é uma abstração da forma perfeita, a ideia ou o conceito, que é constituído como o resultado da síntese entre uma coisa particular em si (a Unidade) e as suas diversas realizações empíricas (o Múltiplo). Mais tarde, Hegel, na sua concepção da história, estabeleceria os termos axiomáticos desta lógica, dando-lhes nome e *status* próprios, a dialética, ou a lógica da síntese histórica e da totalidade. Ela representa a resolução do movimento, ou seja, a mudança, como o desfecho do confronto do Um (tese) com a sua alteridade (antítese), de onde quer que venha essa alteridade – do seu interior ou de um exterior conflagrados. Como exemplos, a alteridade do fenômeno humano poderia ser uma entidade interna invisível, como o inconsciente coletivo, ou uma entidade externa e oposta, como o meio ambiente, ou ainda, nas sociedades de classe, o descompasso entre forças produtivas e a ideologia.

O hegelianismo e, em seguida, o marxismo, são as mais importantes escolas de pensamento que enfatizam esta dimensão como a mais significativa para a compreensão do fenômeno humano. A dimensão dialética reconhece implicitamente as duas dimensões anteriores, a autoidentidade e a diferença, mas as vê como partes integrantes e constitutivas de si mesma, sendo uma síntese das duas. Síntese aqui significa a formação de uma nova totalidade que subsume suas partes constituintes. Portanto, a Lógica Dialética não é capaz de abrigar generosamente suas lógicas constituintes porque não as acata como mantendo existência autônoma no seu interior. Assim, quando contestada por argumentos que enfatizam uma das duas dimensões constitutivas, a Lógica Dialética muitas vezes as rejeita liminarmente, quando seria mais adequado reconhecer cada uma delas como partes de si e também como entidades com alguma autonomia. Isso é facilmente observado em alguns estilos do marxismo, por exemplo, quando se rejeita alternativamente o indivíduo (a dimensão da autoidentidade) e o inconsciente (a dimensão da diferença) como constituintes pelo menos parcialmente autônomos da sociedade. Tal acontece não só nas tão criticadas formas de marxismo positivista, mas também no tipo de marxismo existencialista que define liberdade exclusivamente como consciência da necessidade histórica, ou seja, como resultado da Lógica Dialética, e não também como algo inerente à Lógica da Identidade e também motivada pela dimensão da diferença.

A dimensão dialética assume o fenômeno humano como uma totalidade autocontida, fora do qual nada existe, porque qualquer coisa concebível teria sido previamente incorporada. Move-se por um processo de contradição interna, devido à interação das suas dimensões, e trabalha em um modo centrípeto, dirigido para dentro a fim de manter suas dimensões dentro de sua órbita.

Por exemplo, na Antropologia marxista, as contradições internas, sejam subjetivas ou objetivas, entre classes ou clãs ou castas, geram autoconsciência e reação, e a resolução disto se torna uma nova síntese. Na teoria evolucionista sociocultural, disfunções e contradições externas entre cultura e forças exógenas (pressão ecológica, competição por recursos, disputas políticas etc.) geram a partir de dentro um novo estado de ser em busca de reconstituição e de sobrevivência.

O evolucionismo sociocultural do século xix é a primeira representação de uma escola de pensamento antropológico que toma a dimensão da mudança como seu mais importante ponto focal para a compreensão do fenômeno humano. Na verdade, a Antropologia começa aí com os estudos seminais de pesquisadores e curiosos que foram criando o ofício, focalizando um objeto especial e próprio e definindo seus contornos. Dentre os pioneiros se afigura Lewis Henry Morgan, um advogado americano que se fez amigo dos Iroqueses do estado de Nova Iorque e depois passou a dedicar quase todo seu tempo ao estudo dos índios americanos. Seu principal livro, *Ancient Society* (1877),[9] destaca-se como o mais coerente corpo de argumentação do evolucionismo sociocultural. Morgan tomou a dimensão da mudança como o desvelamento do potencial do fenômeno humano. Lançou a noção de "germe", no sentido de semente, a qual vai se modificando com o tempo, para explicar a natureza latente e mutante, necessária, do fenômeno humano, e demonstrou isto ao elaborar uma progressão ou evolução das formas sociais. Enquanto trabalhava nisto, Morgan elaborou conceitualmente a natureza sistêmica das formas sociais (onde economia, sociedade, política e religião se integram coerentemente e mudam consistentemente), bem como a importância do parentesco como o sujeito operante das sociedades pré-civilizadas. A grande descoberta de Morgan sobre a importância do parentesco e seu imenso esforço para equacioná-lo entre as distintas sociedades primitivas e seus respectivos processos evolutivos constituem uma realização intelectual impressionante e de valor seminal e formativo para a Antropologia. Outros, ainda não autonomeados antropólogos da época, também buscaram descobrir correlações entre culturas, origem de costumes e instituições etc. Entretanto, grande parte da motivação para entender o "primitivo" tinha uma base na ânsia ideológica de justificar o poder e a expansão da civilização ocidental. Assim, o evolucionismo sociocultural terminou projetando o fenômeno humano como sendo um contínuo de formas em espiral dirigindo-se a um lugar não muito diferente de onde se situava a própria civilização ocidental. Consequentemente, todas e cada forma social (cultura, sociedade, economia, política, religião etc.) foram estudadas, interpretadas, classificadas e colocadas em uma posição escalonada em relação ao padrão alcançado pela forma mais altamente localizada, qual seja, a civilização ocidental.

O poder dos construtos socioculturais de Morgan convenceu Marx e Engels em seu tempo e, mais tarde, na década de 1930, Gordon Childe (1892-1957) e Leslie White (1900-1975), e bem mais tarde, na década de 1960, todo um batalhão de antropólogos marxistas pelo mundo. Mas também provocou a firme rejeição científica e moral dos particularistas culturais que, consequentemente, e por razões ideológicas, se recusaram a reconhecer a natureza mutável do fenômeno humano e muito menos a ideia de uma teleologia para essa natureza mutável. Há muitos antropólogos que continuam a rejeitar ou recusar-se a reconhecer a natureza mutável do fenômeno humano, ou pelo menos fazem pose professoral de ignorar a ideia. Evidentemente é muito difícil, diria impossível, para esses antropólogos conciliar sua profissão de fé no valor absoluto das culturas com as diferenças culturais de ordem econômica, tecnológica, de variação de poder e de conhecimento acumulado. O que os primeiros e os últimos evolucionistas, bem como os marxistas, desde sempre têm em comum não é a aceitação acrítica dos construtos de Morgan e de outros tais, mas o reconhecimento de que o fenômeno humano é mutável, porque nunca está estabilizado em si, devido às contradições existentes, e que o potencial de mudança tem uma certa característica sistêmica, portanto, previsível, e, consequentemente, um direcionamento inteligível. A civilização ocidental pode não ser o fim contido na teleologia evolutiva do fenômeno humano (como no fundo pensavam os evolucionistas do século XIX), mas, tal como está, é o resultado do potencial agregador e expansivo das muitas formas sociais que a constituíram ao longo dos últimos dois milênios e meio. O mesmo se poderia dizer das civilizações japonesa, indiana e chinesa. Mais do que acúmulos, a civilização ocidental tem levado vantagem sobre as demais porque tem como fulcro lógico de sua cultura a Lógica Sistêmica que agrega as anteriores lógicas de base.

A escola antropológica conhecida como ecologia cultural, que se desenvolveu a partir dos estudos de Julian Steward, na década de 1930, nos Estados Unidos, também é um subproduto da ênfase na dimensão da mudança. Posiciona o meio ambiente como uma segunda natureza, externa, do Homem e que pressiona o fenômeno humano a mudar (adaptar-se) para fazer face às suas limitações operativas. Em outras palavras, a ecologia cultural, como o evolucionismo sociocultural, também é governada pela dialética, pois considera o fenômeno humano como uma síntese da interação da cultura (dimensão da autoidentidade) com as restrições do meio ambiente (dimensão da diferença). Por isso também tem um caráter totalizante, mas, diferentemente do evolucionismo sociocultural, e mais próxima do darwinismo, se ela faz do meio ambiente um fator determinante na mudança, não reconhece qualquer teleologia na mudança que venha a ocorrer.

O meio ambiente e o inconsciente são duas dimensões importantes do fenômeno humano. Se analisadas pela Lógica da Diferença, cada uma delas passa a ser uma segunda natureza ambiguamente determinante e indeterminada do fenômeno humano. Se analisadas pela Lógica Dialética, tornam-se constituintes do fenômeno humano, em processo com outros constituintes contrários. Se analisadas como parte da dimensão do sistema, são percebidas como entidades autônomas, mas associadas, que se relacionam irregularmente, por vezes, porém mais frequentemente de modo dialético e sistemático, com as outras dimensões, como partes integrantes do fenômeno humano. Neste último caso, suas características determinantes se subsumem na interação sistêmica em que estão funcionando.

O FUNCIONALISMO ESTRUTURAL DURKHEIMIANO
E A LÓGICA DA DIFERENÇA OU A DIMENSÃO DO INCONSCIENTE,
DA ALTERIDADE E DA MULTIVARIEDADE

O fenômeno humano também é parcialmente realizado em uma dimensão oposta à dimensão da autoidentidade. Assim, é explicável por algo além de si, ou por algo dentro de si que não é empiricamente visível e transparente. Do ponto de vista da Lógica da Identidade, a lógica da diferença[10] parece obscura e incompreensível. É por isso que filósofos como Pascal, Kierkegaard e Nietzsche, que viram o mundo a partir da perspectiva desta lógica, parecem tão abstrusos em relação a filósofos empiristas (identidade) e tão parciais para filósofos da história (dialética).

Na Antropologia, apenas depois que o fenômeno humano ficou plenamente compreendido como um sistema ou estrutura, na esteira do positivismo comteano e do evolucionismo sociocultural, é que a dimensão da diferença pôde aflorar e tornar-se compreensível. Aliás, ela aflora de muitas fontes, por volta do último terço do século XIX, como se fosse uma reação incontrolável ao domínio da Lógica Dialética que dava certeza ao positivismo e ao domínio político do capitalismo. Ela aflora em diversos setores da ciência, inclusive até num viés que dá à matemática certa medida de incerteza, através do desenvolvimento teórico e da aplicação da estatística.[11] Já a linguística, uma disciplina que se desenvolvia desde o final do século anterior como filologia histórica, ganhou foros de cientificidade pela aplicação da Lógica da Diferença exatamente quando Ferdinand de Saussure (1857-1913) formulou sua teoria da estrutura linguística, formada pela língua (*langue*) como sistema inconsciente e pelo discurso (*parole*) como sua realização empírica. Daí em diante, tornou-se possível entender que algo absolutamente empírico (como o som fonético), mas não autoevidente (porque o sentido está na abstração do seu fonema contrastando e interagindo com outros fonemas como parte de um sistema), poderia existir e ser parte de uma totalidade com outros elementos autoevidentes e não autoevidentes. Em virtude da dificuldade de evidenciar a dimensão diferencial, a elaboração de explicações baseadas na Lógica da Diferença tem sido considerada por filósofos como Nietzsche, Heidegger e os pós-modernistas, como a própria essência do espírito investigativo, porque ela desafia a segurança do evidente e oferece explicações diversificadas para o fenômeno humano. Por outro lado, para os praticantes comprometidos com a Lógica da Identidade, as perguntas e respostas apresentadas pelos praticantes da Lógica da Diferença parecem muitas vezes incompreensíveis. Vide, por exemplo, a resistência dos discípulos de Boas a aceitar a ideia do (in)consciente coletivo proposto por Durkheim ou a teoria da reciprocidade de Marcel Mauss.

O inconsciente é um exemplo prototípico da dimensão da diferença no fenômeno humano. A descoberta de Freud sobre o papel do inconsciente tem sido aclamada como um dos mais importantes passos para uma ciência do Homem.

A dimensão da diferença diz respeito ao reconhecimento do Outro, qualquer outro, que se opõe ao Mesmo, o Ser-em-si, o ser determinado e o ser subjetivo. Esse Outro é o vizinho, nas relações sociais cotidianas, mas também o coletivo. Afirma-se no inconsciente individual, que trabalha no Ser como o oposto da consciência de si, contrário ou suplementar, dependendo do posicionamento, e que foi reconhecido com clareza pela psicanálise freudiana. Esse Outro também é a extensibilidade do Ser, sua inconstância, sua mutabilidade sem rumo.

Na Antropologia, a dimensão da diferença se manifestou originalmente na visão sociológica e antropológica de Émile Durkheim e seus associados, a ver, Marcel Mauss, Henri Hubert (1872-1927), Arnold Van Gennep (1873-1957) e Robert Hertz (1881-1915). Durkheim estabeleceu no meio científico o postulado de que a cultura ou a sociedade, ou seja, o coletivo humano, é regida por normas que advêm de uma entidade não empírica, o (in)consciente coletivo, que tem uma força preponderante sobre as ações dos indivíduos conscientes. A afirmação de que a sociedade é uma entidade explicável e passível de ser analisada, como se fora um *fato* – no sentido de fato científico, *fato social*, onde as ações individuais se realizam com alto nível de determinação inconsciente de algum coletivo –, é por conseguinte uma manifestação explícita da dimensão da diferença. A consciência e a determinação individuais ficariam subordinadas ao inconsciente coletivo. Onde estaria a liberdade individual?

A metodologia durkheimiana segue de início a visão sociológica de Auguste Comte de conceber a sociedade como portadora de dois aspectos: 1) dinâmico, com tendência à mudança, e 2) estático, com tendência à conservação; ou, nos termos dos seus seguidores do século XX, pós-influência da linguística, da diacronia e da sincronia. O interesse antropológico se focalizaria nos fatos sincrônicos e nada mais pertinente para representar esses fatos do que as ditas sociedades primitivas, consideradas não propriamente imutáveis, mas de lenta transformação. Essa metodologia dualista foi seguida até o fim por Lévi-Strauss em situações das mais variadas.

Uma das grandes contribuições à Antropologia, e especificamente como exemplo da dimensão da diferença do fenômeno humano, é a teoria da reciprocidade concebida por Mauss e desenvolvida por Lévi-Strauss e outros antropólogos mais adiante, como Pierre Clastres (1934-1977) e Marshall Sahlins (1930-). A reciprocidade é o termo usado para representar a conexão fundamental, inconsciente e necessária que os seres humanos fazem entre si como indivíduos e como coletivos. A obrigação de dar, a obrigação inversa de receber e a terceira obrigação de retribuir estaria na própria essência da cultura. A reciprocidade se realiza no nível mais básico da reprodução da espécie, vivenciada pela proibição do incesto e consequentemente na troca para fins de casamento entre membros de famílias exogâmicas, e também no nível da sobrevivência econômica, nos costumes e na consciência da vida social.

Já Lucien Levy-Bruhl (1857-1939), um pensador francês que se manteve em diálogo, mas um tanto à margem, com o grupo liderado por Durkheim, se embebeu também da Lógica da Diferença para estabelecer um novo parâmetro sobre a distinção proclamada à época entre primitivo e civilizado. Levy-Bruhl arguiu que o primitivo pensa por meio de um tipo de raciocínio que chamou de "lógica da participação", através da qual ele não realiza em seus pensamentos e, até certo ponto, em seus atos culturais, uma distinção clara entre razão e emoção, ao contrário do civilizado que teria aprendido a fazer essa distinção por um processo de evolução sociocultural, e com o advento da Lógica Sistêmica. Levy-Bruhl foi talvez o antropólogo mais rejeitado de todos, motivo de desmesurado opróbrio, por vezes gratuito, de todos os ramos da Antropologia que estavam na luta por dissociar a correlação entre raça e cultura, entre inteligência e nível de evolução, entre cultura superior e cultura inferior.

Efetivamente, ao examinar a noção do inconsciente coletivo, percebemos que a dimensão da diferença, que aqui funciona como uma entidade que vai além da mera soma das suas partes, é, na realidade, o segundo pilar que suporta a própria organização básica da cultura. Na medida em que este inconsciente funciona acima, por abaixo, para além, ou contra a dimensão da autoidentidade, a dimensão da diferença estabelece o seu outro eu, ou seja, a possibilidade de que seu não-ser deveria existir. Com efeito, já em tempos hodiernos, a dimensão da diferença é também representada pela característica contínua, multifacetada e cambiante da cultura, precisamente na forma explanada pela Antropologia pós-modernista quando concebe que não existe cultura como tal, como identidade, apenas culturas ou estilos de cultura em contínuo processo de desconstrução e reconstrução, sem nunca fechar as pontas.

A dimensão da diferença também pode ser percebida na natureza paradoxal e indeterminada do fenômeno humano. Ela demonstra o quanto o fenômeno humano tem de inconsistente, desvelando-se em um descontínuo de formas sem síntese e determinação. Ao mesmo tempo, e paradoxalmente, a dimensão da diferença fornece a base para o estabelecimento da coletividade, ou seja, o Outro do indivíduo, como uma entidade em si mesma, embora seja uma entidade não palpável em si, só reconhecida por seus efeitos. Esses efeitos é que produzem uma identidade reconhecível e estável, por isso é que não se pode confundir coletividade com multidão, cuja identidade é sempre temporária.

Do ponto de vista metodológico, a Lógica da Diferença duvida da validade e, consequentemente, indaga sobre o que dá sentido à dimensão da autoidentidade; de fato, contesta a sua autoconfiante legitimidade. A ênfase implícita, conquanto insciente, sobre a dimensão da diferença do fenômeno humano na Antropologia de hoje tornou a disciplina menos orientada pelo empirismo e, portanto, mais intelectualizada, algo que desconcerta o praticante ortodoxo da Lógica da Identidade, da dialética e da lógica clássica.[12]

Em suma, burilando as arestas, pode-se dizer que, na Antropologia, a dimensão da diferença pode ser melhor focalizada como o oposto do ser-em-si, qual seja, o não-ser – o imperceptível, o indeterminado, o submerso –, seja como inconsciente coletivo, intuição, inspiração metafórica (poesia), discurso mitológico, ritual, linguagem de marketing e mesmo processos sociais como dissidência, desagregação e dispersão. Na Psicologia, a dimensão da diferença ou da alteridade é mais claramente representada pelo inconsciente, inclusive no modo como ele processa informações.

Já que o funcionalismo estrutural durkheimiano foi a primeira e a mais consistente escola de Antropologia a basear seus argumentos na dimensão da diferença, podemos dizer que todo e qualquer focalização argumentativa em aspectos dessa dimensão se faz como um diálogo continuado com aquela escola.[13]

Além de estar presente como o lado oculto da transparência, autoidentitária do fenômeno humano, como inconsciente individual e inconsciente coletivo, a dimensão da diferença também se realiza como algo fora do Ser, ou seja, como o Outro espacializado. Na Antropologia, o meio ambiente é em geral visto como um Outro do fenômeno humano, na verdade, uma alteridade de qualquer ser vivo (embora paradoxalmente o meio ambiente seja uma entidade formada por seres vivos). O meio ambiente tem sido visto pelos geógrafos, bem como por uma variante de ecologistas culturais, como uma espécie de segunda "natureza" do fenômeno humano, como um importante fator determinante das variedades da cultura. Vale lembrar que os funcionalistas britânicos e os boasianos, na sua luta contra os evolucionistas e outros determinismos da época, rejeitaram o determinismo ecológico (geográfico) de qualquer tipo ou nível em termos veementes, talvez tanto quanto desconfiaram do inconsciente coletivo durkheimiano.

O particularismo cultural e a Lógica da Identidade ou a dimensão da autoidentidade

Aqui, o fenômeno humano é entendido como uma entidade autoidentificada, com uma clara configuração interna e com um modo centrípeto de realização. Esta dimensão torna as instituições, a cultura e seus segmentos autoevidentes, transparentes e compreensíveis. Qualquer coisa que não esteja em seus termos, não voga, não conta ou não é passível de compreensão, ou então, se possível, torna-se imediatamente incorporada a ela para fazer sentido dentro dela, pois que a dimensão da autoidentidade não reconhece nada fora de si. Em outras palavras, a dimensão da autoidentidade do fenômeno humano não reconhece o *diferente de si*, aquilo que alhures é conhecido como o Outro. Isto é, voltando aos termos das lógicas, esta dimensão reconhece apenas o Ser, o resto é Nada; por isso, admite o Ser como sendo verdadeiro e o Nada como sendo falso.[14] Explicações baseadas nesta dimensão repousam em suas próprias justificativas e são consideradas válidas pelos seus próprios termos.

A dimensão da autoidentidade produz sentimentos de identidade para os seus elementos ou membros, e estes sentimentos excluem todos os não membros. Esta é a dimensão que melhor representa o indivíduo (porém não forçosamente o individualismo da sociedade moderna), o único, o autoevidente, a visibilidade, a empiria consistente, o ser-em-si, o fenomênico.[15]

Na Antropologia, o reconhecimento da dimensão da autoidentidade tornou possível a insistência de Franz Boas sobre o aspecto da singularidade da cultura e do caráter autoexplicativo de suas instituições. A cultura é o que é, transparentemente, e não há nada fora dela que a possa explicar. Portanto, o particularismo cultural (chamado por Alfred Kroeber (1876-1960), discípulo de Boas, de particularismo histórico) na modalidade americana, o funcionalismo de Bronislaw Malinowski (1884-1942) e o funcionalismo (adjetivado de estrutural) de A. R. Radcliffe-Brown não são mais que manifestações teóricas da dimensão da autoidentidade.

Como é sabido, essas escolas variaram conforme seus impulsos nacionais e ideológicos e se constituíram no início do século xx com base na valorização dos povos "primitivos" e em um esforço conjuminado para desmantelar o evolucionismo sociocultural. A variedade boasiana se opôs com veemência tanto à dimensão histórica (I/D) quanto ao inconsciente coletivo (D) do fenômeno humano. Por sua vez, apesar de Radcliffe-Brown fazer questão de dizer que teria sido influenciado por Durkheim (lógica D), sua prática etnológica passa longe da aplicação da ideia da estruturação do inconsciente coletivo, que é a contribuição mais inovadora de Durkheim. Ao contrário, Radcliffe-Brown se afirma no panorama antropológico entre as décadas de 1930 a 1950 por sua profissão de fé em estudos empíricos, metodologia indutiva, relações sociais diádicas, formando conjunto maiores, enfim, pelo empirismo mais classicamente inglês. Quanto a Malinowski, sua insistência em dados empíricos, tais como aqueles coletados pelo etnógrafo em campo, para comprovar asserções teóricas ou generalizantes, exclui a dimensão histórica, considerada de pouca relevância e de mínima comprovação em sociedades primitivas, refutando outrossim a dimensão da diferença, no caso, por exemplo, as explicações de Freud sobre o complexo de Édipo ou o inconsciente coletivo de Durkheim, exatamente por lhe parecer irreal e não comprovativo na sua visão da cultura. Sua sistemática funcionalista pode ser vista generosamente como uma tentativa de dar sentido empírico àquilo que é próprio da dimensão da autoidentidade, pela consistência interna de seus termos. Nesse sentido, emparelha-se com os boasianos, porém a formalização teórica que tentou realizar ao generalizar as necessidades funcionais da cultura para constituir a base de uma teoria antropológica revelou ser de curtíssimo alcance.

O ESTRUTURALISMO E A LÓGICA OU DIMENSÃO SISTÊMICA

A dimensão sistêmica do fenômeno humano é aquela que se faz compreensível como uma totalidade interconectando todas as dimensões constitutivas anteriores, inclusive a si mesma. Ela é uma dimensão hierarquicamente mais completa do que a dimensão dialética e as outras duas dimensões fundamentais, porque ela incorpora e subsume todas as três anteriores dentro de si. Recorde-se que, na Filosofia, a Lógica Sistêmica é conhecida como aristotélica, lógica clássica, ou a lógica do terceiro excluído, ou ainda a lógica da dupla diferença, como propõe Sampaio. A lógica clássica admite apenas duas possibilidades de verificação: verdadeiro ou falso, e não uma terceira qualquer. Esta lógica é responsável por identificar, contrastar, calcular e medir tudo que é, por convenção, considerado de uma mesma classe ou ordem, integrando e ordenando as suas partes e rejeitando aquelas que não podem nela estar. É neste todo sistematizado que o fenômeno humano ganha consistência e se torna compreensível para a ciência. Ela é a lógica das ciências, tanto as duras quanto as ciências sociais.

Fazendo uma breve digressão, recordemos que houve em um momento da história da Filosofia com a Antropologia um debate acalorado sobre a diferença entre Lógica Sistêmica e Lógica Dialética, e qual delas seria superior. Hegel propôs que a Lógica Dialética seria mais abrangente, por ser totalizante e teleológica, enquanto a lógica clássica, chamada de analítica, desmembrava o Ser e não o reintegrava em completude. Friedrich Engels acompanhava a proposta hegeliana ao escrever seu livro *Dialética da Natureza*, que viria a ser talvez a mais notória tentativa de explicar as ciências naturais, de ordem Lógica Sistêmica, pela dialética, considerando-a capaz de dar conta da sistematicidade da natureza. O fato é que essa aplicação mostrou-se um fracasso, mesmo que não tenha servido de mau exemplo em períodos posteriores.[16] Quase um século mais tarde, o confronto entre dialética e analítica se renova no posicionamento antagônico de Lévi-Strauss a Jean-Paul Sartre (1905-1980), este último defendendo a superioridade da dialética, enquanto o primeiro desancava a dialética e demonstrava as virtudes estruturais da lógica analítica.[17]

A Lógica Sistêmica visa ao fenômeno humano como uma totalidade formal, convencionada; portanto, de um modo diferente daquela expressa pela Lógica Dialética. Constitui uma totalidade com elementos previamente reconhecidos em suas dimensões constitutivas, e pode se abrir para a existência putativa de outros elementos que possam ser incorporados nessa totalidade convencionada. Em outras palavras, no fenômeno humano, a dimensão sistêmica está aberta para incorporar elementos novos e semelhantes ao serem considerados da mesma ordem ou classe. O exemplo científico mais claro da aplicação da Lógica Sistêmica é a classificação científica dos seres vivos. Aqui, progressivamente, um determinado ser da natureza, digamos, um rato, é visto, em primeiro lugar, por suas características próprias, sua genética e sua existência empírica (dimensão da autoidentidade), depois é analisado em oposição ao que não é, isto é, sua relação com outros animais quaisquer (dimensão diferencial) e, por proximidade convencionada, é incorporado (dimensão dialética) com alguns deles, digamos, outras espécies de roedores, a partir de cuja posição é contrastado com outros animais próximos, mas diferentes de roedores, de onde é classificado com tais animais em uma determinada ordem de proximidade, e com outras ordens crescentes e laterais (dimensão sistêmica), excluindo terceiros elementos que não puderem delas fazer parte. Portanto, a dimensão sistêmica subsume as outras três dimensões e, embora implicitamente reconheça cada dimensão em si mesma, trabalha como se essas dimensões só pudessem funcionar dentro de sua própria órbita, ou seja, em relação a um todo convencionado. Assim, a dimensão sistêmica do fenômeno humano se apresenta como constituído em seus próprios termos (autoidentidade), mas que simultaneamente contrasta com seu Outro ou oposto e com outros diferentes entes (diferença), que se move ou se agrega com seu oposto ou se transforma (dialética) e que constitui um ser dentro de um todo que integra estas três dimensões. No final, este todo fica aberto a integrar-se a outros eventos semelhantes que certo convencionalismo possa decidir por absorver (sistêmica).

Tanto a Antropologia quanto as demais ciências sociais baseiam seus princípios na Lógica Sistêmica, na medida em que se definem como científicas e seguem-lhe os cânones, e na medida em que incorporam as contribuições que advêm das outras dimensões. Na Antropologia, essas dimensões são reconhecidas, como vimos antes, no particularismo cultural (dimensão I), no funcionalismo estrutural (dimensão D), no evolucionismo sociocultural ou marxismo (dimensão I/D) e no estruturalismo (dimensão $D/^2$). Se assim pudermos expressar, a Antropologia orientada pela Lógica Sistêmica é de uma ordem lógica superior àquelas dos movimentos teóricos que a precederam, inclusive porque incorpora os seus métodos e argumentos. Entretanto, a Antropologia de ordem sistêmica carrega em si algumas deficiências graves. Talvez a principal delas é que a subsunção que faz das dimensões constitutivas pode chegar ao extremo de deixar algumas delas em posição de subjugação, inermes. Este é o caso da dimensão dialética ou histórica que muito facilmente é relegada à inoperância. No estruturalismo lévi-straussiano ela se apresenta tão somente como mudança de um modelo (X_1) a outro (X_2) de uma mesma família (X), isto é, como uma espécie de mudança lateral já previsível. Outra deficiência é que, como sistema ou estrutura, ela se fecha em copas e deixa de fora aquilo que não consegue sistematizar, qual seja, um terceiro elemento, um indeterminado, que geralmente é algo ainda não conhecido, mas também pode ser algo não definido, ou algo de uma dimensão superior, no caso, a dimensão hiperdialética. Uma terceira ressalva é efetivamente a incapacidade de autoconsciência da Lógica Sistêmica, o que significa uma subjugação da dimensão da identidade. Em contraposição, em muitos casos de variações do estruturalismo fica fortemente realçada a dimensão da diferença, deixando-as, assim, sem senso de subjetividade, sua quarta deficiência. Já o positivismo antropológico e sua ênfase em dados empíricos, embora poucas vezes levado às últimas consequências, torna-se uma reificação da Lógica Sistêmica na Antropologia, na medida em que se desprende da dimensão da diferença e perde o senso de autoquestionamento. Isto é, essas metodologias positivistas agem na convicção de que um reconhecido sistema pode responder a tudo relacionado com o fenômeno humano. Enfim, a principal e quinta deficiência da Lógica Sistêmica está na sua natureza de ser sistema, de funcionar como uma máquina sem consciência e que precisa de algo para mantê-la em movimento e não cair em entropia. Esse algo se apresenta como um sujeito operador e tem que vir, necessariamente, dentre uma das dimensões constitutivas da Lógica Sistêmica. Como vimos anteriormente, é a ênfase sobre uma dessas dimensões que determina a característica principal das teorias e escolas antropológicas, já que todas elas se equivalem em princípio por serem científicas ou pretenderem funcionar tendo como base os cânones científicos.

Claude Lévi-Strauss é o grande antropólogo francês a usar da Lógica Sistêmica com consciência de que levava em conta as possibilidades lógicas já praticadas por correntes antropológicas que o precederam. Reconhece o valor da cultura como algo *sui generis* e autorreferenciado ([I] Malinowski), com dinâmica e história próprias ([I] Boas), reconhece a natureza determinante do inconsciente coletivo sobre os indivíduos ([D] Durkheim) e reconhece, em especial, o caráter sistêmico da sociedade em sua noção de estrutura ([D/²] linguística estrutural). Fica menos clara sua relação com a Lógica Dialética (I/D), reduzida ao potencial de transformações do modelo, porém dentro de um conjunto de modelos semelhantes.[18] Na sua explanação mais específica sobre estrutura e como constitui seu método, Lévi-Strauss trata a estrutura metodologicamente como "modelo", o qual é definido pelas seguintes características:

> Em primeiro lugar, uma estrutura oferece um caráter de sistema. Ela consiste em elementos tais que uma modificação qualquer de um deles acarreta uma modificação de todos os outros [D/D]. Em segundo lugar, todo modelo pertence a um grupo de transformações, cada uma das quais corresponde a um modelo da mesma família, de modo que o conjunto destas transformações constitui um grupo de modelos [I/D]. Em terceiro lugar, as propriedades indicadas acima permitem prever de que modo reagirá o modelo, em caso de modificações de um de seus elementos [D/D]. Enfim, o modelo deve ser construído de tal modo que seu funcionamento possa explicar todos os fatos observados [I].[19]

É certo que essa definição carece de clareza, não obstante suas redundâncias quanto à dimensão sistêmica. O autor puxa uma nota de rodapé para se escorar em algumas considerações feitas pelo eminente matemático John Von Neumann (1903-1957), um dos criadores da teoria dos jogos e pioneiro em pesquisas sobre Matemática computacional. Von Neumann insiste em que o modelo tenha correspondência com a realidade, além de ser conciso e coerente, embora a correspondência não precise ser em todos os pontos, apenas em alguns que sejam julgados "essenciais *pro tempore*". No caso, Lévi-Strauss declara que o modelo deve explicar todos os fatos observados, indo além da exigência do matemático. A dimensão histórica do modelo é visto como o potencial de transformação de modelos dentro de uma família de modelos, mudanças por assim dizer laterais, sem síntese dialética. Por sua vez, onde está a dimensão diferencial desse modelo? Qual será o Outro desse modelo? Certamente é a *própria relação* do modelo para com os fatos que ele tenta captar. Isto é, seguindo seu mestre Durkheim, o modelo lévi-straussiano é uma espécie de entidade exterior que busca explicar a realidade empírica, subordinando-a aos seus ditames. De modo que, em última análise, pode-se pressentir que o que não está no modelo não existe. Retirando a força de expressão, uma tal conclusão de caráter reducionista foi o que mais chocou aqueles que acompanhavam apenas de longe o raciocínio lévi-straussiano – antropólogos ingleses e norte-americanos. Assim, esta definição apresenta todos os aspectos lógicos da dimensão sistêmica, o que daria lastro teórico para a aplicação do seu conceito de estrutura nos estudos sobre parentesco, pensamento selvagem e mitos, não obstante sua insipidez conceitual em relação à história.[20]

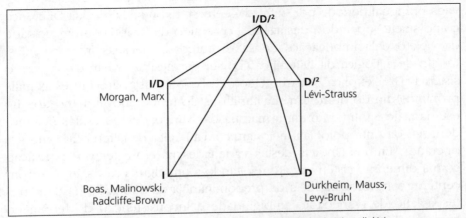

Figura 6 – Antropólogos nodais segundo a Antropologia Hiperdialética.

O filósofo francês Paul Ricoeur (1913-2005) ponderou, no início dos anos 1960, que o estruturalismo lévi-straussiano constituía um sistema de conhecimento, porém sem o sujeito pensante, ao modo kantiano. Em termos hiperdialéticos, um sistema que funciona sem sujeito operador. Esta foi de fato uma observação perspicaz que abriu caminho para uma melhor compreensão do estruturalismo, naqueles idos, mas achamos que não acertou na mosca. Propomos que o estruturalismo constitui uma teoria sistêmica que certamente não tem um sujeito kantiano; o que o faz funcionar é um outro "sujeito", um operador da mesma natureza sistêmica, a Lógica Sistêmica. Em outras palavras, o estruturalismo é uma explicação sobre a manifestação da dimensão sistêmica do fenômeno humano operada pela Lógica Sistêmica. É por isso que ele parece ser tão autorregulado e contingentemente sem sujeito, no sentido kantiano. O exemplo mais emblemático disso pode ser percebido na argumentação de Lévi-Strauss segundo a qual os mitos são estruturados de modo a serem capazes de "falar um com um outro", independentemente do fato de suas respectivas culturas matrizes até nem estarem em comunicação umas com as outras. Por que é que os mitos seriam capazes de fazer uma coisa dessas a menos que se conjecture a existência de uma outra lógica, também de natureza sistêmica e inconsciente, operando dentro do sistema do discurso mitológico?

Outros antropólogos se encostaram ao lado do estruturalismo por trajetórias distintas e mistas. Uma dessas variações, trabalhada entre as décadas de 1970 e 2000, por Marshall Sahlins, usou a Lógica Sistêmica com pinceladas ora da Lógica Dialética (I/D) (história, reciprocidade), nos estudos sobre história e sociedades primitivas, ora da Lógica da Identidade, nos estudos sobre cultura e razão prática. Ora Marx, ora Boas. Já a trajetória levada por igual período por Clifford Geertz se fixou na Lógica da Diferença como sujeito operador, desfazendo o sentido da própria sistematicidade do objeto pela imbricação "densa" e enredada de suas interpretações. O fato de a Lógica da Diferença (D) ser da mesma ordem da lógica do sistema $(D/^2)$ explica por que Geertz e Lévi-Strauss parecem estar mais próximos um do outro em suas análises do fenômeno humano do que estariam de Sahlins. Enfim, a maioria das variedades ou estilos pós-modernistas da Antropologia funcionam com a Lógica da Diferença como seu operador. Embora muitas destas variedades pareçam ter pouca relação com a dimensão sistêmica, até rejeitando-a em alguns casos, elas se concentram com força na ideia da predominância da dimensão da diferença (espacialidade, variedade, ambiguidade e inconsistência) do fenômeno humano, terminando por bagunçar, se não obnubilar, suas dimensões da autoidentidade e da dialética, precisamente aquelas de natureza identitária. O fato de recusar reconhecimento dessas dimensões é uma demonstração clara da natureza elusiva e desconcertante da Lógica da Diferença, cujas principais características são: bater forte contra a certeza, duvidar do indubitável, perguntar pelo inquestionável e recorrer ao multifário e ao indeterminado.[21]

O PÓS-ESTRUTURALISMO E O ENCANTAMENTO DA LÓGICA DA DIFERENÇA

O estruturalismo como corrente intelectual baseada na noção de estrutura teve uma gama bastante diversificada de formuladores e de seguidores, desde a psicanálise até áreas extremamente formais da Física e da Matemática. Na área de ciências humanas é possível dizer que o estruturalismo teve a sua mais forte influência e continuidade na Antropologia devido à extensa envergadura da obra de Claude Lévi-Strauss. Quando se fala em definhamento do estruturalismo e do surgimento de trabalhos na Antropologia que são frouxamente denominados de pós-estruturalistas, diz-se em geral que é resultado do momento de aporia intelectual em que acontece um inesperado desmoronamento da certeza intelectual sobre a obra de Lévi-Strauss. O calcanhar de Aquiles dessa obra é, sem dúvida, o gracioso, hercúleo, mas inalcançável e inimitável *tour de force* sobre mitos. Nos quatro volumes das *Mitológicas* os mitos são repassados e reconceituados como manifestações da linguagem, com estruturas linguísticas, ao final, produtos cognitivos da mente humana, que tratam de temas cujo significado não é referenciado necessariamente às próprias culturas que os teriam produzido. Culmina essa conceituação com a notável ideia de que o mito, ao final de seu processo de conexão com outros mitos, detém uma espécie de consciência de si e se projeta sobre os seres humanos e as culturas como se tivesse uma substancialidade própria que os arrebataria sem que os humanos dele tivessem consciência.

Provavelmente só um crente batizado e crismado na Antropologia pode acatar semelhante concepção. Dando-lhe crédito lógico-filosófico, pode-se tratar desse assunto como um esforço para tornar o mito análogo à própria linguagem, em seus aspectos estruturais, digamos, gramaticais, porém dessemantizados; ou pode-se avaliar que o esforço do antropólogo é para tratar de fornecer mais um exemplo de sua ideia de que todo fenômeno humano se reduz a aspectos cognitivos do Homem. Mas, seria possível perguntar, para que tanto trabalho? O que se quer com isso? Não é surpreendente que tenha sido Lévi-Strauss a propor essa tarefa como o objetivo precípuo da Antropologia, pois de certo modo ele já teria realizado seu intuito em relação ao conceito de totemismo, o qual foi reduzido de uma velha conceituação religiosa, tanto evolucionista (Frazer (1854-1941)) quanto sociológica (Durkheim), a um mero exemplo do espírito classificatório do ser humano, sem substancialidade e identidade própria. Do mesmo modo, o mito estaria agora reduzido a uma forma de linguagem que fala só de si mesmo e que não tem nenhum outro referencial. Portanto, nesse mister de "diluir o Homem", como ele declara num dos seus artigos seminais, Lévi-Strauss foi reduzindo distintos temas humanos que se apresentam como linguagens, porém sem sentido e sem substancialidade.

De modo que o estruturalismo lévi-straussiano foi se desobrigando de preservar o seu sentido de estrutura. No livro *Do mel às cinzas*, os mitos terminam sendo analisados e concebidos em completo paradoxo: ou como portadores de uma superestrutura, ou desestruturados como se tivessem entrado em entropia. Assim é que, o enfraquecimento do estruturalismo antropológico foi criado por seu principal formulador ao reduzir na sua obra mais monumental uma estrutura que parecia estar sendo elaborada em quatro volumes a uma entidade em desestruturação. Destarte, Lévi-Strauss sem querer, e já querendo, escancara um janelão para o surgimento de novos modos de pensar o fenômeno humano baseado na lógica que despreza o princípio da não contradição, admite uma terceira possibilidade de verdade e postula a incessante descontinuidade da identidade. Estas são as possibilidades lógicas que virão a ser encabeçadas pelos filósofos Gilles Deleuze e Jacques Derrida. Com eles, o senso de estrutura vai se quebrantando até o momento em que ela só existiria como algo temporário a ser transmudado para novas configurações assemelhadas num encadeamento sem propósito efetivo e sem uma expectativa de finalização.

É curioso que o fim da predominância da estrutura nasce precisamente quando a sociedade mundial está se dando conta da dominação do encadeamento de estruturas que se criam e se conectam em redes cada vez mais extensas e intensas, as quais vão qualificar os novos significados da vida estruturada pela qual se caracteriza a pós-modernidade. Por isso é que, de um ponto de vista ideológico, faz sentido que as correntes variadas do pós-estruturalismo baseadas todas na propositura da diferença, que é a lógica da não estruturação e da inconsistência, tenham recebido um acolhimento generoso e empático nas Ciências Humanas e na Filosofia, como se representasse um lábaro de protesto e rebeldia contra os processos culturais (econômicos e políticos) que estariam por todos os meios e em extrema intensidade estruturando e avassalando o mundo. Assim, a Antropologia pós-estruturalista se constitui pela abertura a toda uma gama de variações de temas que tentam demonstrar que a vida não seria tão estruturada como parece e que a sua não estruturação é o que caracterizaria o espaço de um possível reino da liberdade e da igualdade entre os Homens.

Entre os epígonos ou coadjuvantes da visão lévi-straussiana da Antropologia, destacam-se dois notáveis antropólogos. Um deles é Pierre Clastres, que elaborou ideias cativantes sobre o poder, em especial o poder exercido em sociedades ditas selvagens, no linguajar lévi-straussiano, desenvolvendo um dos temas iniciais na carreira do mestre, fruto de sua pesquisa de campo em 1937-1938, no centro-oeste do Brasil, sobre a forma de liderança política numa sociedade indígena como a dos índios Nambiquara. Clastres distinguiu duas formas de poder, um coercitivo e outro não coercitivo, que equivaleriam precisamente à distinção entre civilizado e primitivo, um tema originário da Antropologia evolucionista que nunca foi completamente relegado ao cemitério das ideias, apesar da força ideológica do relativismo cultural. Clastres também teceu uma série de caracterizações do que seria o primitivo em aspectos como religião, poder, parentesco e ação política consciente. Uma das mais duras características postuladas por Clastres é a de que a sociedade primitiva, ao invés de ser pacífica e boa, na verdade se projeta para a guerra, tanto como autodefesa quanto como agressão aos outros. O segundo antropólogo é Louis Dumont (1911-1998) que, sem ser propriamente aluno de Lévi-Strauss, tratou da questão da hierarquia social, contrastando a relação entre as culturas hindu e ocidental, de onde emergiriam dois modelos opostos em relação ao potencial humano de enfrentamento desse problema inerente à sociedade. A principal corrente teórica dessa questão permanece sendo o funcionalismo estrutural de Durkheim e sua postulação sobre a relação entre sociedade e indivíduo, no caso de Dumont, entre holismo e individualismo. Por outro lado, tanto para Dumont quanto para Clastres, uma sombra paira por sobre suas variações de estruturalismo: a sombra da dialética, isto é, a ideia de que não se pode ignorar as transformações sociais e que elas se dão pelo processo dialético. Assim, para esses dois autores, mais ainda no caso de Clastres, seus estruturalismos funcionam com um operador da Lógica Dialética, o que lhes dava certa aura de que o estruturalismo não se tratava de uma oposição à dialética, em especial na política, ao marxismo, e, portanto, não representava uma ideologia conservadora.

Outros seguidores de Lévi-Strauss se esforçaram para elaborar conceitos a fim de explicar alguns dos temas abordados pelo mestre, tais como sua teoria da aliança do parentesco, as proposições acerca de uma ciência do primitivo, o mencionado totemismo, a relação entre magia e religião e, mais timidamente, os mitos. Um dos últimos pupilos do mestre, Philippe Descola (1949-), ao abordar a relação entre natureza e cultura no pensamento de um povo indígena do Equador, os Achuar-Jívaro, reestabelece o conceito de "animismo" para representar e *per force* classificar a religião dos primitivos, numa relembrança um tanto canhestra aos rejeitados evolucionistas do século XIX, especialmente Tylor. As religiões primitivas ou de povos caçadores-coletores-pescadores concebem um mundo em que o corte entre animais e seres humanos, entre natureza e cultura, não é radical, porém esvanecido por um sentimento de compartilhamento de naturezas, tanto no nível dos mitos, como dos rituais e da religião. Seria possível estar evocando aqui, de novo, uma "lógica da participação", nos moldes da proposição de Levy-Bruhl, trazendo de volta a ideia de que a sociedade primitiva se baseia numa lógica diferente da lógica clássica, usada pelo mundo civilizado? Parece incongruente que, dentro do ensino da Antropologia nas universidades dominadas pelo estruturalismo e pelo relativismo cultural pós-modernista, retome-se a distinção entre primitivo e civilizado não só nos aspectos econômicos e políticos, mas também ideológicos e religiosos, disfarçando de mil modos a contradição inerente nesses estudos. Quiçá essa contradição e outras contidas nos estudos dos pós-estruturalistas sejam sinais que apontam para a busca de uma nova Antropologia mais abrangente.

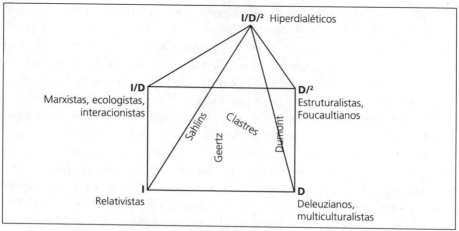

Figura 7 – Antropólogos na pós-modernidade.

A Antropologia Hiperdialética e a lógica ou a dimensão hiperdialética

A Antropologia Hiperdialética focaliza sua visão na dimensão hiperdialética do fenômeno humano, como sua dimensão mais elevada, que ordena de modo seguro e libertário as demais dimensões do sistema e demonstra a natureza transcendental do ser humano. A dimensão hiperdialética do fenômeno humano é potencialmente consciente de si mesma e não porta a atitude míope totalitária da dimensão dialética nem a arrogância desalmada da dimensão sistêmica. Essa autoconsciência pode ser verificada em termos gerais pelas noções de finalidade, subjetividade, criatividade e integralidade. O fenômeno humano em um momento ou outro pode se tornar autoconsciente não só de si, mas também do sistema em que está envolto, porque há mais na dimensão hiperdialética do que na dimensão sistêmica. O fenômeno humano é uma realidade que vai além da compreensibilidade do sistema; é, portanto, uma forma mais elevada de síntese transcendental.

Tal como o indivíduo em si, o coletivo humano também é de natureza hiperdialética. Eis o que postula a Antropologia Hiperdialética. O Homem como espécie e como indivíduo, mas também como homem e mulher,[22] é constituído em sua integralidade pela Lógica Hiperdialética. A dimensão hiperdialética representa a completude do Homem como um ser autoconsciente, mas também inconsciente, socializado com outros, histórico e estruturado que tem acima de tudo uma subjetividade, uma autodeterminação, um direcionamento e, enfim, um propósito ou uma destinação. Esse propósito pode ser pensado como a realização de seu ser cultural, que um dia virá a acontecer em uma cultura nova, ainda inexistente, cultura que deverá corresponder à sua plena potencialidade de ser. Essa putativa nova cultura virá como a realização da dimensão hiperdialética que está presente em todo ser humano enquanto indivíduo. Por enquanto, ainda não aconteceu de qualquer cultura, passada ou presente, ter existido com lastro lógico nesta dimensão, embora seja possível dizer que os momentos mais altos de qualquer cultura tenham sido resultantes da realização em algum nível desta dimensão. Portanto, a plena realização do Homem como um ser social, como cultura, é uma potencialidade a surgir no horizonte, ainda esperando a vez de entrar em existência.

De todas as propriedades humanas, a linguagem é a manifestação hiperdialética mais evidente e é por isso que se tornou um atraente paradigma para o estudo da cultura. No entanto, sentimos que um diversificado leque de filósofos e antropólogos tem usado o paradigma linguístico de modo mais restritivo do que favorece sua natureza. Tal parece ser o caso de Ludwig Wittgenstein (1889-1951), da linguística pragmática e do positivismo analítico, por exemplo, que concebem a linguagem apenas até a medida que permite sua dimensão sistêmica. Também é o caso do estruturalismo que equaciona a linguagem pelo seu aspecto sistêmico, gramatical, e não consegue lidar com o aspecto hiperdialético do significado e sua ilimitada autocomplacência.

Na Antropologia contemporânea, os assim chamados diferencialistas, simetristas, perspectivistas e multiculturalistas em geral seguem o mesmo caminho. Todos eles tentam negar a validade das grandes narrativas científicas ou filosóficas para estabelecer grandes sínteses do fenômeno humano. Para eles, apenas narrativas parciais e localizadas são possíveis e as putativas verdades não ultrapassariam as parcialidades de onde teriam se originado. Afirmamos, ao contrário, tendo em conta o caráter hiperdialético da linguagem, que independentemente de essas narrativas serem parciais ou generalizantes, elas não se exaurem em meras combinações de significados fixos, mas se abrem para formar ou receber novos significados. A língua é ela própria a grande narrativa, e a possibilidade de uma narrativa ilimitada e aberta. É neste sentido que o caráter hiperdialético da linguagem poderia ser tomado como um paradigma para a Antropologia se reconciliar com o fenômeno humano e também com a própria linguagem.

Talvez o maior desafio para a fundação de uma Antropologia Hiperdialética seja precisamente o tornar-se consciente da dimensão hiperdialética presente no homem, mas que não tem sido desenvolvido em uma verdadeira cultura. Daí porque dizia Sampaio que a nova Antropologia visará não somente às culturas presentes e pretéritas, mas especialmente à cultura do futuro, aquela que ainda não se constituiu, inclusive com suas putativas variedades. Evidentemente, tal só será possível a partir do momento em que o caráter e os efeitos da Lógica Hiperdialética se fizerem conhecidos e aplicados. O que a nova cultura hiperdialética poderá vir a ser de fato é ainda desconhecido, embora caiba a nós iniciar o delineamento de alguns dos seus elementos e sua dinâmica. Assim, para efeitos de exercício: deverá ser uma cultura que adquira autoconsciência de si, em primeiro lugar, o que não é tão fácil; em segundo lugar, que contenha elementos das culturas de Lógica Dialética e, portanto, que não esteja totalmente integrada dentro da Lógica Sistêmica. A nova cultura surgirá de uma que tenha incorporado em sua história as dimensões básicas e que, por uma dinâmica conflitiva, seja capaz de incorporar sua plena potencialidade propositiva, subjetiva e libertária.

A cultura hodierna ocidental americana, ou largamente americanizada, se lastreia na dimensão sistêmica cujo sujeito operante vem mudando rapidamente da dimensão de autoidentidade (por certo, o indivíduo individualista, seja como *entrepreneur*, como *self-made man*, ou como indivíduo de classe média urbana) para a dimensão da diferença (o inconsciente coletivo, o consumidor dependente, o cidadão virtual, sem rosto e farsesco, o mercado alavancado). Mantendo o ritmo frenético das transformações atuais, em breve essa cultura poderá passar de uma situação liberal consciente à cultura de um consumismo disparatado e, mais adiante, a uma situação em que um operador da dimensão sistêmica, um poder sem identidade e sem história assuma controle. Estamos ainda em vias de vivenciar o momento onde a máquina robótica (computadores controlando computadores que controlem o homem) prevaleça sobre a maioria das situações culturais, salvo apenas pela ascensão de uma cultura hiperdialética capaz de enfrentar esse pesadelo. Assim, a entrada em cena do Homem na sua potencialidade subjetiva integral é o que poderá desbancar essa avassaladora sistematicidade autorreguladora e autorregulada e dar vez a um sistema flexível sob pleno e absoluto controle do Homem hiperdialético.

Metodologia antropológica hiperdialética

A capacidade de conhecer o outro como diferente de si, mas também de conhecê-lo como equivalente a si é que justifica a pretensão da Antropologia de ter um pensamento próprio e, portanto, de ser uma disciplina autônoma, no seu próprio mérito. O quanto que esse conhecimento é possível é que são elas; eis por que o caminho, o método (*meta-hodós*) para chegar a esse objetivo é parte integrante da Antropologia. Para tanto, ao longo dos anos, desenvolveu uma visão metodológica básica que vem sendo articulada e adotada por todas as suas correntes teóricas, com variações estilísticas mínimas. Se até meados do século xix o processo de conhecimento antropológico se dava pela análise de textos de observadores casuais, naturalistas, missionários, administradores coloniais, à luz de esquemas ainda um tanto filosóficos, ainda teológicos, a partir de Morgan (anos 1850) e Tylor (anos 1860) passou a depender cada vez mais de relatos produzidos diretamente por pesquisadores-observadores com base na presença junto aos pesquisados e à luz de uma visão cientificista.

Epoché, etnoexocentrismo, *rapport*

Assim, o primeiro posicionamento metodológico da pesquisa antropológica *per se* é o próprio ato de estar com o outro, de se posicionar cara a cara com o outro e de relacionar-se com ele. Trata-se aqui de um conjunto de métodos e técnicas, mais propriamente de modos e atitudes do pesquisador, que se desenvolvem no ambiente chamado "pesquisa de campo". O encontro do pesquisador com o pesquisado, dentro do ambiente deste último, constitui uma gama de métodos que dependem essencialmente da atitude inicial do pesquisador frente ao pesquisado. Em primeiro lugar, o pesquisador tem que portar uma atitude consciente de suspender seus julgamentos preconcebidos, advindos da sua cultura, e se abrir para recepcionar o comportamento, as normas e as ideias que o outro faz de si mesmo, como a verdade em si desse ser. Tal atitude é possível, não obstante as barreiras do etnocentrismo, porque tanto os homens como as culturas têm a capacidade inerente de sair de si mesmos, a partir do seu potencial etnoexocêntrico, como vimos nas primeiras páginas desse texto. A percepção etnoexocêntrica do pesquisador é intelectual; ele se dá conta do ser-em-si que está diante de si porque, ao se abrir a este ser, desvestiu-se de suas préconcepções. Boas foi o primeiro antropólogo a se dar conta claramente dessa atitude metodológica, a qual foi aprimorada e elaborada por outros que lhe seguiram, especialmente Malinowski. Na fenomenologia de Edmund Husserl (1859-1938), esse estado de presença consciente e de suspensão de julgamento é cognominado de *epoché*, e seu resultado de apreensão se chama "redução fenomenológica". Suspende-se julgamento, suspende-se história, suspende-se de início até o contexto (os quais vêm a ser recuperados mais adiante). Este é o passo essencial que permite captar a dimensão da autoidentidade do ser (I) por parte do pesquisador. Embora não elaborada em termos husserlianos, a Antropologia boasiana concebeu essa atitude metodológica como fundamental para compreender a cultura como um ser-em-si. O relacionamento cara a cara, o entendimento, o *rapport* entre o pesquisador e o pesquisado (o outro ser cultural) constituem a base da pesquisa antropológica tal como proposta pela Antropologia boasiana e malinowskiana, a qual é acompanhada pelas demais correntes antropológicas. No seu limite mais radical, a Antropologia boasiana, ou pelo menos alguns dos seus praticantes mais radicais, sustentou que bom mesmo para a pesquisa seria se o pesquisador chegasse ao pesquisado sem saber nada dele, sem ter nenhum conhecimento prévio de sua cultura para poder ser e estar o mais livre de possíveis preconceitos. Vale lembrar também o modo como a antropóloga boasiana, Ruth Benedict (1887-1948), metaforizou esse método ao sustentar que o pesquisador apreende uma cultura de cara tal como uma quebradora de nozes faz para obter a noz: ela pressiona a casca na força certa para que se quebre sem se estilhaçar e não esmagar o seu conteúdo. Isto é, a compreensão de uma cultura seria dada por processo de apreensão imediata, na medida certa de o pesquisador se relacionar com ela.

Epoché, suspensão de julgamento, redução fenomenológica, *rapport*, atitude etnoexocêntrica constituem a primeira parte da concepção e da prática metodológica da pesquisa de campo. Essa atitude metodológica faz parte de um processo mais amplo que envolve mais ações e mais comprometimento do pesquisador com o pesquisado.

Escuta, observação participante

O segundo conjunto de métodos de pesquisa de campo compõe a busca pela dimensão da diferença que está presente no fenômeno humano. Isso envolve, em primeiro lugar, escutar o outro, dar-lhe voz para se manifestar em seu senso de ser e em sua visão de mundo. A experiência do conhecimento da diferença requer a vivência e a participação existencial com o outro, tornar-se um outro para daí incorporar pela experiência a existência do outro. Na Antropologia, esse método é conhecido como observação participante, visto que o pesquisador que participa, que vive a existência do outro, também tem necessidade ou obrigação profissional de estar consciente de seu papel. Portanto, ele precisa, ao viver a experiência do campo, observar aquilo que sente e experimenta e ser capaz de objetividade.

O método da observação participante é que constitui a arte metodológica de ser antropólogo. Além de muito depender da personalidade do pesquisador, há também as ambiguidades e duplicidades tanto práticas quanto morais sobre o que significa e quais os limites de uma imersão na cultura do outro e a necessidade de captá-la e descrevê-la. Da capacidade de ouvir, vivenciar, participar e observar, tudo ao mesmo tempo, é que advém a possibilidade de se configurar um quadro mais coerente do fenômeno humano, para além do conhecimento obtido pela *epoché* e pela redução fenomenológica, e, com a ajuda de outros dados mais objetivos, elaborar uma etnografia, isto é, uma análise descritiva de algum fenômeno humano.

Diálogo, historicidade

O terceiro método antropológico é o diálogo com o outro, o qual permite a compreensão da sua dimensão dialética. Dialogar significa trocar informações e análises com o outro, ouvi-lo, responder ao que ouviu, compreender sua resposta, contestá-la se necessário, para suscitar a autoconsciência do outro sobre sua visão não só de si mesmo, mas de si mesmo em confronto com o outro. O método dialógico, embora usado pelos grandes e pioneiros antropólogos, foi pouco elaborado e ainda menos difundido como método em seu próprio mérito, até os últimos 30 anos, quando a Antropologia sentiu que não detinha o conhecimento de uma suposta essência e existência do ser, mas que o próprio conhecimento era um processo em constituição. Na Antropologia tradicional, esse método se escondia por trás do método da entrevista aberta, pelo diálogo informal cotidiano com os participantes da cultura, pela qual a obtenção de informações se faz a partir de perguntas que variam de acordo com o desenrolar e o teor da fala do informante. A entrevista aberta carrega um aspecto positivista que o diálogo como método renega. No momento em que a Antropologia duvidou dos dois conjuntos de métodos anteriores é que o método dialógico veio à tona e trouxe um alento novo para a possibilidade de conhecimento sem os grandes problemas morais inerentes nos métodos anteriores. Conhecer dialogando com o pesquisado parece mais seguro do ponto de vista ético!

O método dialógico põe em evidência outro aspecto do fenômeno humano, qual seja, a natureza parcial ou incerta da relação entre o símbolo e seu referente, tal como acontece na língua. O processo de simbolização nunca completamente cobre todas as possibilidades dos seus significantes, de seus referentes, há sempre algo novo que acontece que muda o significado, seja na linguagem corriqueira, seja nos rituais mais tradicionais e venerados. De modo que o método dialógico evidencia que o conhecimento é uma eterna busca de significado, como se fosse uma obsessão, um contínuo ir e vir, bate e rebate.

Não esqueçamos, por fim, que a dimensão dialética do ser se refere à sua formação e sua história. Assim, ela requer métodos que buscam esclarecer o passado ou mesmo as bases formativas dessa cultura, sem o que a compreensão ficaria restrita à atualidade e sem possibilidade de se vislumbrar o desenrolar dessa cultura. Na formação da Antropologia pós-evolucionista, como já vimos, sucedeu que a História foi relegada e até refutada como elemento de estudo. Supunha-se que "povos primitivos" não tinham ou não produziam história, seja porque não guardam memória racional do passado, seja porque suas culturas são reiterações do que sempre foram. Por essas e outras razões menores, a dimensão histórica foi objeto de interesse, por muitos anos, apenas dos evolucionistas e marxistas. Ela reemergiu pela renovação dos estudos marxistas que penetraram em forma de temas e questões em diversos ambientes antropológicos que tradicionalmente desconsideravam essa dimensão.

O caráter histórico ou formativo de um fenômeno humano não pode ser ignorado pela rejeição à dialética hegeliana ou marxista, fruto de visões político-ideológicas, sob pena de situar o fenômeno em um limbo atemporal. As Antropologias que rejeitam ou minimizam essa dimensão acabam perdendo o senso não só de historicidade mas também de sentido e de perspectivas éticas. A dimensão histórica problematiza o fenômeno humano pela inserção renovada do ser e de sua busca de sentido transcendental.

Sistematicidade, redes, contextualidade

O quarto conjunto de métodos visa a captar a dimensão sistêmica do fenômeno humano, sua estrutura interna e o lugar onde ele se situa perante as diferentes manifestações de sua integralidade. Trata-se também de aferir as influências ou determinantes do fenômeno, seja como causas, seja como complementações, seja como tendências, inclusive probabilísticas. A maioria dos métodos e técnicas que compõem esse conjunto se apresentam no âmbito do positivismo científico, entre eles, levantamentos e estatísticas de dados e suas correlações, técnicas variadas de probabilidade e todo o conjunto de contribuições advindas de outras ciências, da Matemática à Biologia, passando pela Ecologia, Geografia, História e Literatura.

Métodos sistêmicos nem sempre são positivistas. Embora nascido do conceito de rede (*network*), que tem cunho positivista e empírico, na Antropologia interpretativista dá-se ênfase especial ao método de redes de significantes para se mapear e interpretar as variações e complexidade de sentido de um fenômeno. Uma rede de significantes é o espaço onde se referenciam os significados. Uma tal rede é, em princípio, aberta, reiterativa e descontínua, de modo que nem por uma determinação consciente de se lhe fazer um recorte, de se lhe dar um limite, ela se fecha em si. Mesmo que o interpretativismo seja uma modalidade antropológica que advém da Lógica da Diferença, esse método se enquadra no conjunto de métodos que tratam da sistematicidade do ser, no caso, a cultura.

Lembremos aqui que a sistematicidade do ser quer dizer também sua inserção contextual. Nenhum fenômeno humano deixa de existir num contexto com outros fenômenos, o que os faz de algum modo semelhantes ou comparáveis entre si. Aqui, a Antropologia Hiperdialética ressuscita explicitamente o chamado "método comparativo", que foi tão contestado por Boas em sua luta para combater o evolucionismo sociocultural que dele fazia uso indiscriminado para perceber e avaliar as semelhanças entre diferentes. Interessa ressaltar aqui que o fenômeno humano, uma cultura, por exemplo, se realiza num amplo contexto em que, entre outras determinações, está a de sua conformidade com as injunções que outras culturas sentem, levando-as a conformidades, aproximações ou similitudes. O fato de cada cultura ser diferente da outra em aspectos internos e identitários não pode obscurecer a realidade de cada uma, uma vez que há semelhanças também essenciais entre elas que permitem comparações entre si, resultando em melhor entendimento do fenômeno.

O RELATIVISMO CULTURAL

Pela importância teórica e ideológica, por sua aplicação a torto e a direito no discurso antropológico e pela opinião pública em geral, o relativismo cultural constitui um item à parte na seção de métodos antropológicos.

O relativismo cultural é a noção metodológica segundo a qual os costumes, comportamento e instituições de uma cultura só são verdadeiramente compreensíveis *relativamente* ao seu significado interno, quer dizer, para os membros praticantes dessa cultura, e à sua funcionalidade para com o todo sistêmico da cultura. Em outras palavras, e resumidamente, uma cultura só se explica por seus próprios termos e não pelos termos de outra cultura, por mais próxima que seja uma da outra. Tal noção faz parte claramente da dimensão autoidentitária da cultura, como já vimos anteriormente, e foi proposta por Franz Boas em um artigo seminal no final do século XIX, em parte para se contrapor à metodologia comparativa do evolucionismo sociocultural, em parte como pedra fundadora de uma nova escola de Antropologia, a ver, o particularismo histórico. O relativismo cultural tem como precedente filosófico a proposição do pioneiro alemão do conceito de cultura, Johann Herder (1744-1803), segundo a qual a língua falada por um povo constitui significados próprios e específicos que determinam o modo de pensar, o pensamento em si e o próprio comportamento de seus praticantes. Portanto, sendo a língua específica, a cultura é específica, e dificilmente haveria conceitos que transcendessem as determinações linguísticas e culturais. Portanto, as culturas são incomparáveis entre si.

Ao longo dos anos, o relativismo cultural foi se tornando a pedra de toque do próprio pensamento antropológico, aquilo que o caracteriza e o distingue das demais ciências sociais e da Filosofia. Ao antropólogo cabe como dever de ofício adotar o relativismo cultural não só como método, mas também como atitude moral perante seu objeto de pesquisa. Com esse mister, a Antropologia se desenvolveu e se firmou no panorama intelectual através do estudo descritivo da maioria das sociedades e culturas do mundo, ao mesmo tempo em que foi capaz de reconhecer a legitimidade cultural de costumes e normas os mais esdrúxulos e excêntricos, do ponto de vista das culturas que dão suporte às atividades intelectuais propriamente antropológicas.

O relativismo cultural é a noção mais premente a levar o antropólogo a praticar a *epoché* e a se determinar a se desvestir ao máximo dos pré-conceitos advindos de sua própria cultura e daqueles adquiridos em seu disciplinamento intelectual; inversamente, ele deve incorporar atitudes de tolerância e abertura aos outros em sua prática de pesquisa de campo. No limite da "aceitabilidade" de um costume – e os exemplos são muitos – o antropólogo deverá por ofício se abster de fazer julgamento de valor e preferencialmente adotar uma posição filosófica de cunho cético, em que pese o ceticismo ou a indiferença poderem ocasionar consequências absolutamente discutíveis e moralmente controversas. Por sua vez, a aplicação exclusivista do relativismo cultural pode levar ao entendimento de que a cultura só é compreensível por ela mesma, por seus membros, e por ninguém mais. Isto significaria a hipostasiação de um putativo método de autoentendimento e, portanto, a um autoisolamento metafísico que a impediria, no limite, de conhecer outras culturas e, mais ainda, de as culturas se relacionarem entre si por meio do entendimento. Diante desse imaginado quadro metodológico, haveria, portanto, que haver pontes de entendimento entre culturas; com efeito, essas pontes são construídas não exclusivamente pela mente autoconsciente do antropólogo, mas pela inata capacidade do Homem, pelo seu potencial etnoexocêntrico, em qualquer cultura, de conhecer e entender o outro.

Para a Antropologia Hiperdialética, o relativismo cultural na prática carrega uma ambiguidade inerente. Posiciona-se, por um lado, como uma noção metodológica que permite o reconhecimento da singularidade irredutível da cultura, fruto de sua dimensão de autoidentidade, explicável em seu significado e funcionalidade máximas tão somente em seus próprios termos, tal como proposto originalmente por Boas. E, por outro lado, determina a incomparabilidade da cultura em relação a outras culturas, em qualquer nível. Assim, o relativismo cultural se apresenta como visão metodológica de duplo propósito: ele caracteriza a dimensão da autoidentidade e concomitantemente atua na disposição da dimensão diferencial do fenômeno humano. O relativismo cultural propõe que o fenômeno humano é um Ser-em-si e também uma contínua diferenciação do ser. Nesse sentido, o relativismo cultural se prende à Lógica da Diferença, que rege as questões ambíguas e inconsistentes;

por isso, é assim que se desdobram suas consequências e é assim que se chega ao ponto de suas limitações metodológicas. Tal como os sofistas diziam que não havia possibilidade de existir uma verdade em si, a *alétheia*, e sim, tão somente verdades parciais, os relativistas culturais supõem que as culturas são tão singulares entre si que não se pode reconhecer semelhanças e classificá-las pelo método comparativo. Eis o seu calcanhar de Aquiles. Portanto, o relativismo cultural, para ter atuação metodológica frutífera, tem que ser posicionado no seu devido lugar lógico, qual seja, regido pela Lógica da Identidade e escoimado de sua ambiguidade diferencial, para que possa ser contraposto e complementado com outros métodos que, em conjunto, abram caminho para o entendimento das demais dimensões do fenômeno humano.

Evolução sociocultural

Deixemos de lado os argumentos que constituíram a escola do evolucionismo sociocultural e pensemos tão somente no processo de evolução sociocultural; deixemos de lado, mais propriamente, a Lógica Dialética e usemos a Lógica Hiperdialética para pensar a evolução sociocultural, tanto mais porque, afinal, o processo de desvelamento da cultura não se dá pela Lógica Dialética, e sim pela hiperdialética. Assim, vai ficar mais razoável entender por que existe evolução sociocultural, por que ela não deve ser expurgada ou varrida para debaixo do tapete da Antropologia, e por que ela não reduz as culturas a posições de inferioridade ou superioridade do ponto de vista do potencial humano.

Sem dúvida, dentro da Antropologia atualmente estabelecida, a ideia de evolução sociocultural é a pior ideia possível para um antropólogo acatar. Assemelha-se à posição de Levy-Bruhl, nas décadas de 1910 e 1920, quando propôs que o primitivo pensava por meio da "lógica da participação", uma espécie de lógica primitiva (mas sem o charme do "pensamento selvagem" de Lévi-Strauss), que não distinguia entre *razão* e *emoção*, diferente por isso da lógica do civilizado, o que o fazia, portanto, inferior a este. Por consequência, nos cursos acadêmicos de Antropologia, especialmente no Brasil, mas também em outras partes do mundo, sempre que se faz necessário apresentar e analisar o evolucionismo sociocultural como uma escola antropológica, o ato é feito invariavelmente como um ritual em que se oferta um bode expiatório ao sacrifício para que, na esteira das críticas boasianas, o rebanho antropológico possa passar incólume. Escrever sobre evolução sociocultural sem essa lembrança seria uma temeridade ainda maior do autor, não fosse sua convicção de que não se pode jogar fora uma concepção inaugural da Antropologia, por outras disciplinas reverenciada, a qual produziu efeitos positivos no desenvolvimento do pensamento antropológico, e que, não obstante os erros comparativos evidenciados pelas críticas etnográficas e, em especial, o erro lógico que lastreia sua concepção original, o qual será aqui evidenciado e transcendido, permanece válida sob tantos aspectos teóricos, além de ganhar um atributo de verdade maior ao ser incorporado pela Lógica Hiperdialética. Portanto, revólveres nos coldres, caros colegas antropólogos, e vamos em frente com a nossa explicação.

Ao longo do tempo, sobram mínimas dúvidas, pelas evidências arqueológicas, de que mudanças substantivas e qualitativas teriam ocorrido na sociedade humana desde a condição primordial do *Homo sapiens* vivendo em sociedade de grupos de caçadores-coletores com modo de vida nomádico, depois passando pelo sedentarismo agrícola, formando vilas e cidades, chegando à formação do Estado como poder centralizado, e assim por diante. Paralelamente, formulou-se a ideia de que esse roteiro de transformações societárias se coadunaria de algum modo com mudanças internas nas formas de relacionar-se socialmente, de pensar o mundo e de crer no sagrado. Haveria coerência, em algum nível, entre o econômico, o social e o ideológico, embora para os antropólogos relativistas, sem exageros e sem silogismos. Não há Antropologia que rejeite as evidências arqueológicas e negue esse roteiro, em termos gerais, mas há, efetivamente, recusas a roteiros de caráter evolucionista ou a qualquer esquema fixo de mudanças em relação às sociedades atuais, bem como sérias dúvidas e refutações veementes sobre vários aspectos embutidos e decorrentes do simples esquema de mudanças evolucionistas, e mesmo do próprio conceito de evolução sociocultural, entre elas:

1. Que a ideia de que qualquer roteiro de mudanças seja *necessária*, imprescindível e unilinear.
2. Que, portanto, todas as sociedades devessem eventualmente seguir os mesmos passos ou passar pelas mesmas fases.
3. Que se possa definir padrão ou critério para caracterizar superioridade ou inferioridade de sociedades umas em relação a outras; portanto, que se possa falar de evolução como a passagem de um estágio mais simples para um mais complexo.
4. Que haja coerência ou correspondência necessária entre aspectos econômicos ou materiais e aspectos culturais ou ideológicos.
5. Que se subsuma na concepção evolucionista uma correspondência estreita entre potencial de desenvolvimento e capacidade inte-

lectual individual, sendo essa presunção considerada um preconceito com tonalidades que evocam o racismo.
6. Que possa haver uma correspondência entre coletivo e indivíduo, a cada nível da sociedade.
7. Que as sociedades atuais sejam concebidas pelo evolucionismo como fósseis vivos de fases do passado.
8. Que as sociedades atuais não sejam capazes de enfrentar a atualidade das civilizações dominantes e globalizadas.

As duas primeiras ressalvas já foram equacionadas antecipadamente por uma variação do evolucionismo sociocultural conhecido como evolucionismo multilinear, proposto pelo antropólogo americano Julian Steward na década de 1950. Para Steward, a evolução sociocultural estava sujeita ao condicionante da adaptação ao meio ambiente, portanto, dada a multiplicidade dos meios ambientes mundo afora, as sociedades se diferenciariam de acordo com os seus modos de adaptação. Assim, o quadro evolutivo, ao invés de parecer um simples poste com poucas barras laterais, pareceria uma árvore bem mais esgalhada, representando as inúmeras variações culturais e, portanto, um multievolucionismo. Assim, a proposta de Steward desfez a rigidez do esquema evolutivo unilinear pela condicionante adaptativa e abriu espaço para se pensar em formas diferenciadas de evolução e, inclusive, de recuo evolutivo, por assim dizer. Se um meio ambiente fértil por quaisquer motivos perde sua qualidade especial, a sociedade que aí vive ou sucumbe ou diminui seu nível de produção econômica, com consequências sociais e religiosas, conforme nos mostra a Arqueologia. No plano etnográfico, a adaptação da sociedade ao meio ambiente surgiria por vários motivos, seja por mudanças do próprio meio ambiente, como no fim da última glaciação, seja como consequência de migrações, seja em mudanças ambientais provocados pelo Homem, em processo sinérgico ou cumulativo, como no mau uso de terras agrícolas, desmatamento, desertificação etc. Assim, a explicação para a multivariedade de culturas é fornecida sem prejuízo da proposição de que, em algum momento, mudanças socioculturais seriam de caráter cumulativo e evolutivo, bem como, ao contrário, dispersivo e contraevolutivo.

A terceira ressalva tem sido respondida por arqueólogos por uma formulação em que o processo evolutivo sociocultural deva ser definido por critérios materiais, bem como pela variedade e quantidade de bens tecnológicos e, mais frequentemente, pela análise comparativa dos sistemas econômicos. A evolução se daria por mudanças na base material ou econômica das sociedades, enquanto outros aspectos, como organização social, instituições políticas, religião ou conhecimento em geral, poderiam ou não fazer parte ou acompanhar essas mudanças. Em termos marxistas, fala-se na evolução de modos de produção, porém aí haveria mudanças nos demais setores sociais; em termos arqueológicos, lista-se um ordenamento de modelos de sociedade em relação à variedade e sofisticação crescentes de tecnologias, fabricação de bens de produção e de consumo, densidade demográfica e elaboração de técnicas e arte, sem precisar coadunar esses aspectos com aspectos ideológicos ou formas religiosas; em termos políticos, estabelece-se um escalonamento de instituições de poder, a partir da variação de formas de chefia política, seguindo para a formalização da distinção entre sociedades sem estado e aquelas com estado; finalmente, o antropólogo marxista americano Leslie White criou o critério de *captura de energia* como diferenciador de sociedades em escala de produção econômica: quanto mais energia uma sociedade capture da natureza através da tecnologia, *per capita*, mais evoluída será. Do arco e flecha à bomba atômica, resume-se o argumento de White para definir critério evolutivo. Em todos esses sentidos, apreciados com certa leveza e uma certa dose crítica e de desmerecimento, a evolução sociocultural é posta em discussão nas aulas de Antropologia como algo que teve os seus pecados, mas pode ser compreensível por esses critérios tão simples que mal distinguiriam ou afetariam culturalmente uma das outras.

A quarta ressalva é discutida em variados ambientes antropológicos, desde os que a aceitam de algum modo, por homenagem a Karl Marx ou Max Weber (1864-1920), que falam em coerência entre aspectos econômicos e aspectos ideológicos de uma sociedade – independente da maior influência de uma sobre a outra – ou a princípios sociológicos durkheimianos ou funcionalistas; até aqueles que põem em dúvida a interinfluência desses aspectos, acreditando que a coesão interna ou funcional de uma cultura se deva mais às circunstâncias históricas de sua convivência com outras culturas e a possibilidades de criatividade interna e arranjos ocasionais, de acordo com a proposição boasiana.

Já as ressalvas cinco e seis surgem como grandes fantasmas acusatórios aos argumentos evolucionistas. Elas são aqui enfrentadas pela Lógica Hiperdialética, quando declara que o indivíduo é o mesmo em todas as sociedades, um ser completo, universalmente hiperdialético, independente de sua cultura, e que as culturas não correspondem diretamente ao potencial inato do indivíduo. Portanto, não há associação entre cultura e indivíduo, muito menos entre cultura e biologia ou raça.

Adicione-se a essa constatação o fato de que as culturas têm o potencial de se tornarem hiperdialéticas, porque afinal elas são representações coletivas dos potenciais lógicos do indivíduo, mas isto só ocorrerá ao final do longo e ainda inacabado processo de desvelamento lógico. Este é o sentido hiperdialético da evolução sociocultural: as culturas evoluem pela passagem de ordenamento de uma lógica à outra mais abrangente e que traz um novo modo de pensar e de ser. As culturas passadas e atuais se apresentam em diferentes fases do processo cultural hiperdialético de acordo com suas lógicas dominantes. As culturas nodais, tão somente sete delas, seguem uma linha mais ou menos ortodoxa de desvelamento lógico, a ver, da pré-lógica I para a pré-lógica D, daí para a lógica I, depois para lógica D, e assim por diante, embora haja possibilidades de saltos entre lógicas não escalonadas. Por sua vez, as culturas mistas, dominadas por lógicas diferentes em confronto ou em complementaridade, com pesos distintos, que formam a grande maioria das culturas passadas e atuais, podem dar saltos mais inesperados, de acordo com as complexidades do processo social abrangente onde estariam inseridas. Assim, pela concepção hiperdialética, a evolução sociocultural segue uma ordem mais ou menos geral, porém com possibilidades de saltos, paradas e recuos.

As ressalvas sete e oito são respondidas igualmente pela Antropologia Hiperdialética, embora haja condições de Antropologias ordenadas por outras lógicas também serem capazes de equacioná-las. Ao menos, tentaram. Veremos como, do ponto de vista hiperdialético, culturas atuais do tipo pré-lógica I, por exemplo, as sociedades indígenas brasileiras autônomas, que se encontram desafiadas diante da sociedade brasileira, com seu poderoso processo colonialista, poderão se capacitar a defender-se, a manter-se, não sucumbir a esse processo que já dizimou muitas delas. Até recentemente, a explicação mais aceita sobre o processo de relacionamento interétnico que resultava nas agruras das sociedades indígenas era dada pela chamada teoria da aculturação, formulada por autores boasianos (utilizando a Lógica Dialética) na década de 1930, e por seus desdobramentos teóricos. Supunha-se que, no relacionamento interétnico, a imposição de uma cultura sobre outra poderia levar a cultura mais frágil a incorporar elementos exógenos, provocando-lhe mudanças internas e adaptações externas que a levariam eventualmente à integração social e política com a cultura dominante, e, no limite, sujeitando-se à assimilação cultural e perda de identidade. O receio de que esse processo seria inexorável era considerado real – portanto, verdadeiro, nos termos da Lógica Dialética, que diz que o real é verdadeiro e o verdadeiro é real –, já que, ao longo da história do Brasil, muitos povos indígenas haviam sido extintos e desaparecidos do panorama étnico-cultural, especialmente nas regiões onde a colonização se firmara nos primeiros três séculos. O que garantiria que as atuais culturas e sociedades indígenas não viessem a ser vítimas das mesmas forças?

Realmente, por muitos anos, os antropólogos de todos os matizes teóricos acreditaram que os povos indígenas brasileiros e alhures estivessem seguindo a fatalidade histórica de extinção e desaparecimento. Em 1988, publiquei o livro *Os Índios e o Brasil*, no qual, analisando as condições de extinção em contraste com as condições de sobrevivência, chegara à conclusão de que não era inevitável e inexorável a extinção dos povos indígenas brasileiros, fosse por "morte morrida" ou por "morte matada", pelo processo final de assimilação e perda de identidade. A partir dessa análise pioneira, a Antropologia estabelecida se deu conta de que a realidade étnico-cultural brasileira havia tomado um rumo diferente, porquanto os povos indígenas sobreviventes estavam na Nação para ficar. Entretanto, se os dados analisados no livro foram bem absorvidos, a teoria proposta, contrária à teoria da aculturação, não o foi. A teoria proposta partiu do princípio de que, se alguns povos indígenas haviam sobrevivido, era necessário que houvesse explicações sobre isso. A teoria da aculturação foi criticada não só pelo seu conteúdo determinista e estreito, mas também dentro da visão de que ela se assomara explicativa por ter se tornado um paradigma que, como tal, responderia por todos os aspectos do processo de relacionamento interétnico, inclusive pelos sentimentos pessimistas dos antropólogos e outros cientistas sociais sobre a história. Em conclusão, a teoria da aculturação não preenchia a complexidade do processo histórico interétnico novamente analisado, e, portanto, reconhecendo-se que estava acontecendo uma formidável mudança no estado do mundo, qual fosse, a sobrevivência dos povos indígenas, fazia-se necessária a elaboração de uma nova concepção explicativa que levasse em conta os aspectos sociais, econômicos e ideológicos da sobrevivência étnica, a partir da qual a Antropologia poderia consolidar um novo paradigma explicativo. Esse novo paradigma foi denominado *paradigma da diversidade cultural*, que tentava incorporar aos aspectos teóricos da sobrevivência étnica os aspectos políticos e ideológicos dos elementos que compõem a questão indígena no Brasil, especialmente a ação do Estado, a Igreja, o sentimento nacional de identificação com povos indígenas etc. Assim, podiam-se obter as condições gerais para se estimar os motivos e os meios pelos quais os povos indígenas sobreviventes haviam logrado sua sobrevivência, o que não acontecera por mero acaso do destino.

A proposta do paradigma da diversidade cultural se baseou mais em intuição fenomenológica sobre o processo histórico do que propriamente em uma teoria, muito menos em razões de natureza lógica. Em termos gerais, o Autor pensava que estava fazendo ciência marxista, isto é, desenvolvendo aplicações da Lógica Dialética. Mas, sem querer, estava germinando interpretações históricas e conceituações teóricas para a formulação de uma nova visão antropológica. Efetivamente, estava sentindo que o processo histórico no qual estavam inseridos os povos indígenas não se desenvolvia exclusivamente pela Lógica Dialética, por esta pretender ser absolutizante e consequentemente totalitária como explicação do processo histórico da Humanidade. A dialética não deixa brechas, não dá fôlego para a sobrevivência dos elementos antitéticos que a compõem. Aqueles que se mantinham fiéis à Lógica Dialética como explicativa exclusiva da história não poderiam imaginar senão os índios sucumbindo às forças avassaladoras da cultura dominante. E, com efeito, muitos ainda continuam a pensar desse modo. Eis que, na proposição do Autor, melhor esclarecida agora, ao conceber o processo de relacionamento interétnico como sendo baseado na Lógica Dialética, porém inserido no contexto do processo histórico-cultural hiperdialético, os elementos interativos que o compõem se apresentam com certa liberdade de ação e de autoconsciência, e, portanto, não necessariamente se deixam levar pelo vendaval avassalador da sintetização dialética da história, dadas certas condições mínimas e objetivas de sobrevivência. É nesse sentido que se pode conceber teoricamente as possibilidades de sobrevivência dos povos indígenas brasileiros, com eles tendo consciência do processo em que estão envolvidos e tendo possibilidades de ação efetiva em sua defesa.

O grande equívoco, portanto, de todo o mal entendimento sobre o processo de evolução sociocultural está no erro de usar a Lógica Dialética sem conceber o processo hiperdialético como o ordenador maior do fenômeno humano. Reavaliemos a questão da evolução sociocultural à luz dos tempos em que foi formulada. Os evolucionistas do século XIX, especialmente Marx e Engels, que seguiram os argumentos e dados de Morgan, concebiam o fenômeno histórico pela Lógica Dialética, que é composta por apenas três elementos, tese e antítese em confronto, sendo o terceiro a síntese dos dois primeiros que, aliás, nessa síntese, se diluem um no outro, e, por força lógica, o mais fraco dentro do mais forte. Nesse caso, então, a evolução sociocultural seria um caminho estreito e totalizante sobre seus elementos constitutivos, com alinhamento rígido e inescapável. Ampliando a análise ainda mais: para Marx e Engels, a dialética era a lógica que regia a evolução sociocultural, mas também era a mesma que regia a sociedade capitalista, tanto fazia. E foi exatamente por esse erro lógico que falharam as predições de Marx e Engels sobre o fim do capitalismo pela sua autodestruição, a ser apressada pela ação e consciência crítica de um de seus elementos, o proletariado. Acontece que, na visão hiperdialética da História, a sociedade capitalista não é compreensível pela dialética, e sim pela Lógica Sistêmica, conforme vimos na explicação sobre essa lógica anteriormente. Com efeito, sendo composto por quatro elementos (capital/capitalista; trabalho/proletário; lucro/reprodução do capital; e tecnologia/classe média), e não três, como propunha Marx desde sempre, o capitalismo precisa da Lógica Sistêmica para se fazer compreensível. Por isso é que, toda vez que marxistas previam o fim do capitalismo, este achava uma brecha para escapar e se renovar. Nisso se mostra diferente do processo evolutivo sociocultural, porém ambos se realizam no mesmo processo cultural hiperdialético.

Enfim, o processo evolutivo só se faz completamente compreensível ao ser concebido dentro do contexto do processo cultural hiperdialético, cuja lógica superior e abrangente em relação tanto à Lógica Dialética quanto à sistêmica, o que permite que ele se desvele com possibilidades de ação interna. Eis porque a evolução sociocultural, no cômputo histórico de compreensão, e no seu desenrolar contínuo, se realiza com possibilidades de autoconsciência de seus componentes, com agência e atividade de reação. A cultura humana não é como uma célula biológica ou um simples animal precisamente porque está inserida num processo superior que lhe pode dar autoconsciência de sua existência.

De modo que, para os povos indígenas atuais, pertencer a uma cultura que se pode reportar ao passado primordial não os afeta nas suas possibilidades de autoconsciência e compreensão de seu destino em face do grande desconhecido que se lhes assoma avassalador. Como indivíduos, os índios são capazes de pensamento hiperdialético e podem assim agir por estratégia hiperdialética, que lhes dá acesso à variedade de possibilidades de ação e decisão. Como cultura, a qual é ordenada por uma pré-lógica de identidade, que antecede às lógicas de base, ao encarar o seu destino, ela também é capaz de autoconsciência e autotranscendência, e, dentro do processo cultural hiperdialético, de encontrar o seu nicho possível de existência e continuidade. Mas não é fácil não, necessitando da compreensão e da ação positiva dos demais atores do processo social envolvente.

A Hiperdialética como método

Eis que chegamos à metodologia hiperdialética que coroa e dá sentido de integralidade aos demais métodos. Esta é sua primeira tarefa metodológica. O método hiperdialético constitui, assim, o conjunto integrado de métodos que buscam definir as dimensões do ser, num movimento ascensional que culmina com a visão de direcionamento e sentido. Em segundo lugar, o método hiperdialético propriamente dito se estabelece como uma espécie de diálogo intersubjetivo à base de um sentimento de *compreensão amorosa* que permite a apreensão da totalidade do fenômeno humano de um modo integrado nas suas dimensões e ao mesmo tempo mais tolerante diante dos limites do conhecimento.

Não há propriamente métodos inadequados na visão hiperdialética, mas compreende-se que a ênfase demasiada em algum método específico distorce a realidade do fenômeno pela reificação de determinada dimensão. Os boasianos e malinowskianos costumavam desprezar a História; os evolucionistas passavam por cima das variações laterais e aleatórias de mudanças, ocasionadas pela dinâmica própria da cultura; os marxistas reduzem a dimensão diferencial ao componente das antíteses e veem a dimensão autoidentitária com desleixo; o estruturalismo obscurece a dimensão histórica, reduzida a variações do mesmo modelo e dessubstancializa o fenômeno humano ao reificar o projeto científico de reduzir o ser a estruturas mínimas de ordem geral; e os diferencialistas (pós-estruturalistas, pós-modernos em geral) se entregam ao deleite de imaginar a descontinuidade do ser como causa máxima do pensamento antropológico.

Se, mesmo levando em conta o valor e a integralidade hiperdialética desses métodos, ainda assim não se possa presumir que o conhecimento do outro seja inteiramente (satisfatoriamente, relevantemente) possível, que sentido ou que vantagem filosófica haveria para se acatar o objetivo científico de uma esperançosa aproximação desse conhecimento a cada dia? Ou por outra, de que vale, em última instância, o conhecimento do outro? É aqui que a Antropologia Hiperdialética se ergue para declarar que o conhecimento aproximativo vale pelo *amor* que os homens devem ter em relação um ao outro. A palavra amor se traduz por um sentimento de copertinência de um mesmo sentido e compartilhamento de um mesmo destino perante o universo. A compreensão amorosa não implica o entendimento absoluto do outro, mas a visão de que o entendimento das similitudes e diferenças deva significar a realização do destino do Homem no universo. O entendimento amoroso está presente, na verdade, desde o momento inicial do relacionamento entre o pesquisador e o pesquisado, é essencial para que um *rapport* se realize para o entendimento fenomenológico. Porém, esse entendimento amoroso só alcança toda sua plenitude depois de passar pelas diversas dimensões do ser, reconhecendo-as em suas especificidades, especialmente pelo diálogo com o outro, para poder integrá-las e transcendê-las. O método do diálogo intersubjetivo é, acima de tudo, um diálogo amoroso entre os Homens.

Portanto, fazer Antropologia Hiperdialética é algo que vai exigir mais do que qualquer outra escola jamais exigiu do pesquisador. Construir um tal ambiente é tarefa incomensurável e todavia imaginável, porém só passível de ser realizada plenamente em uma cultura que seja capaz de almejar um posicionamento para além da existência atual.

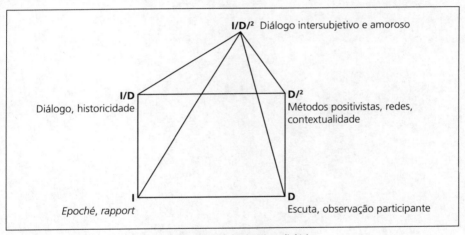

Figura 8 – Metodologia Hiperdialética.

A Antropologia Hiperdialética em Ação:
três exemplos

São raros os exemplos de estudos antropológicos que tenham lidado com as cinco dimensões do fenômeno humano em sua integralidade, mesmo que inscientemente. Os participantes das escolas antropológicas nodais, vistas acima, primaram por analisar o fenômeno humano enfatizando uma ou no máximo três dessas dimensões, em geral excluindo as demais propositalmente, como parte de suas fixações acadêmicas e lutas ideológicas. A concorrência entre elas levava-as a privilegiar as dimensões que identificavam suas escolas. Por exemplo, os trabalhos dos alunos de Boas, notadamente Margaret Mead (1901-1978) e Ruth Benedict, primam pela ênfase na dimensão da autoidentidade e pela ausência da História e da diferença e de pouco senso de sistematicidade. Os evolucionistas marxistas demonstram suas teses passando por cima da dimensão da autoidentidade, quase sempre ignorando a diferença e realçando a dialética e a sistematicidade. Lévi-Strauss, cuja definição de estrutura como instrumento heurístico (para ele, *modelo*) leva em conta a autoidentidade, a diferença e a sistematicidade, declama loas enganosas à dialética e recalca a dimensão da autoidentidade.

Recuperar as quatro dimensões em sua integralidade constitutiva, reconhecer a potencialidade da dimensão hiperdialética e colocá-las sob a égide da lógica da hiperdialética é o que cabe ser feito pela Antropologia Hiperdialética.

A QUESTÃO INDÍGENA NO BRASIL

No espírito hiperdialético, a questão indígena no Brasil deve ser vista através de uma visão metodológica que compreenda as cinco dimensões do fenômeno. A primeira é a da autoidentidade. Assim, a questão indígena é definida primeiro como uma questão, o que significa, no linguajar sociológico, um tema a ser resolvido, um conflito, uma disputa, onde, no caso, apenas um contendedor é exposto, o indígena, enquanto um outro, ou outros, permanecem ocultos. A questão indígena tem como dimensão identitária (lógica I) os índios, definidos como povos, sociedades, grupos, culturas etc., que se opõem a este outro com quem contendem. Esses povos têm sua própria história, sua autolegitimidade e suas visões de destinação. O outro da questão indígena é reconhecido dentro da dimensão da diferença (lógica D) como a sociedade não indígena, que será definida por um conjunto conflitante com seus vários segmentos pertinentes: o Estado, os grupos econômicos (fazendeiros, lavradores, madeireiros, castanheiros etc.), a Igreja (em sua formação, objetivos, visões do mundo e atualizações mundanas), a sociedade civil histórica e a recém surgente (ONGs, antropólogos, profissionais interessados) e até a opinião pública internacional que incida sobre a questão (ditada ou não por interesses das nações dominantes). Todos conformados no seu ser e na sua história. A contenda entre esses elementos, uns se posicionando frontalmente aos índios, outros ao seu lado, do jeito que consideram certo, resulta no processo dialético, histórico (lógica I/D) que dá sentido temporal à questão. É, em geral, por essa dimensão dialética, de disputa entre contendedores, que a questão indígena se evidencia para além de sua realidade potencial. Entretanto, a questão não está solta no ar. Faz parte de um contexto bem maior. Ela está inserida num sistema de relações (lógica D/^{2}) e disputa com outras questões e realidades mais poderosas politicamente, tais como os interesses próprios do Estado, ideologias diversificadas, como defesa de direitos humanos, ambientalismo, renovação religiosa, luta política, interesses econômicos estratégicos e de longo prazo, visões internacionais do mundo e outros mais. Nesse contexto maior, a questão indígena encontra seus limites e suas possibilidades ulteriores de atuação. Por fim, a dimensão hiperdialética absorve todas essas dimensões e dá sentido e direcionamento (lógica I/D/^{2}) à questão indígena como uma questão de interesse humano. Ela não é propriamente uma questão autônoma e libertária, pois depende desses muitos fatores. Porém, no cômputo global, a dimensão hiperdialética favorece o entendimento de que o cerne da questão terá resolução. Será esse cerne a independência, a autonomia ou a autodeterminação dos povos indígenas diante do contexto em que se situam? Será o seu desfecho a incorporação dos índios a uma entidade identitária maior? Será a continuidade das sociedades indígenas dentro de condições de transfiguração étnica, de aculturação ou assimilação? Será dado seu desfecho numa nova cultura/civilização brasileira que abrigue diferenças como parte de si? A Antropologia Hiperdialética não pode responder por nenhuma dessas opções. Ela apenas deve compor sua análise da questão indígena integrando-as com esse processo de prospectivação, visando a entender os possíveis caminhos por onde poderá chegar. O antropólogo *necessariamente* engajado nessa visão transcientífica, por sua vez, deve saber que sua atividade intelectual só poderá ter valor se complementada com a consciência de seu papel na visão prospectiva do desenlace da questão indígena. Em outras palavras, ele faz parte da questão indígena ao penetrá-la e consequentemente deve se engajar no seu entendimento e no seu desenvolvimento ou desenlace, de um modo ou de outro.

A relação homem/mulher

Em primeiro lugar, há que se entender que essa questão surge com interesse intelectual em função das mudanças que ocorreram nesse relacionamento nos últimos 50 anos. Portanto, a questão da relação homem/mulher é definida temporalmente. Mesmo assim, há que se iniciar por um entendimento básico sobre o que é cada um desses termos. O homem e a mulher são partes inerentes e necessárias do ser humano, mas distintas uma da outra. Constituem uma integridade biológica, cultural e social, mas, ao mesmo tempo, se distinguem em duas entidades próprias. Tratêmo-las nessa duplicidade essencial. Na visão hiperdialética, a dimensão da autoidentidade pode definir essa duplicidade essencial como o objeto nuclear da questão (lógica I). Para isso, entretanto, haveria de se fazer uma breve análise histórica dessa relação com o reconhecimento de sua formação até o momento de sua transformação recente. Evidentemente a relação é muito ampla, com muitos aspectos, o que exigiria escolhas e prioridades. Assim, se o interesse na questão recair sobre o psicológico, a relação e cada elemento em si serão analisados por esse viés. Se o interesse estiver nos aspectos sociais, será do modo tal; e assim por diante, inclusive quando incluir aspectos diversos. De todo modo, homem e mulher têm um histórico de relacionamento diversificado ao longo do tempo e na espacialidade cultural. A partir de determinado momento, em determinada cultura (civilização ocidental), a relação muda de tal modo que parece estar se formando um novo paradigma de relacionamento. O que faz isto mudar? Quais os agentes da dimensão da diferença (lógica D) que incitam à transformação? Tal resposta deve ser procurada nos motores de transformação dessa questão, quais sejam, a crise da modernidade, as mudanças econômicas que levam a mulher ao trabalho fora de casa, a aplicação da ciência nos comportamentos (pílula anticoncepcional, facilidade do aborto etc.), o declínio da tradição e da religiosidade, a amplitude da educação etc. Esses fatores contrapostos estabelecem a dimensão dialética (lógica I/D), promovem o embate transformador, a luta ideológica, o posicionamento da mulher com altivez, o enfraquecimento do machismo tradicional etc. Por sua vez, esse embate se dá num contexto sociocultural e político-econômico (D/^{2}) com embates de outras naturezas, tais como as lutas de minorias diversas, a questão do gênero propriamente dita, incluindo a homossexualidade, a ampliação da tolerância cultural (multiculturalismo), as transformações econômicas e modos de trabalho, a consolidação das políticas de direitos humanos, aos quais as relações homem/mulher respondem, conformam-se, adaptam-se, transcendem e, eventualmente, influenciam na mudanças de aspectos deste panorama sociocultural. Por fim, o sentido de tudo isso é dado no direcionamento do ser homem e ser mulher, em completude e em integridade, bem como nas possibilidades civilizacionais (lógica I/D/^{2}) nas quais essa questão se desenvolve em última instância. As dúvidas e incertezas que surgem ao se imaginar esse sentido e esse direcionamento se relacionam com os limites da igualdade e da desigualdade (biológica, psicológica, intelectual) entre homem e mulher e na formulação do sentido geral da cultura e da sociedade humana diante da natureza e do universo espiritual. Tendo como ápice da pirâmide hiperdialética a visão da intencionalidade do sentido integral de ser homem e ser mulher, que acalenta os processos dados na sua formação e contextualização, poderá constituir, então, o sentido superior da relação homem/mulher.

O RACISMO AMERICANO E SUA BUSCA DE SUPERAÇÃO

Eis aqui um problema relativamente bem estudado – o racismo americano –, que se apresenta embrulhado em todos os sentimentos culturais, em atividades sociais e em políticas públicas intentos em superá-lo, adicionado ao fato de não se saber o que viria a ser essa superação. Quer dizer, o que interessa saber não é apenas o que é o racismo americano, mas também como a sociedade americana busca superá-lo. Em primeiro lugar, há que se definir o que é o racismo americano em sua formação original como resultado da escravidão de negros africanos nos Estados Unidos, sua libertação e os sentimentos e atos negativos a eles dirigidos por parte de segmentos expressivos da sociedade americana. Esta definição, mesmo incorporando a história do desenvolvimento desse racismo até os dias de hoje, constitui a dimensão da autoidentidade do problema (lógica I). Bem, o racismo é um complexo de sentimentos e atos que partem de alguém contra alguém. Este alguém contrário (lógica D) é a sociedade americana em seus segmentos populacionais diretamente pertinentes (região Sul americana, a maioria branca, o Estado etc.), em sua maneira cultural de posicionar sua população (por exemplo, excluir culturalmente os casamentos mistos, discriminar situações sociais onde majoritariamente vivem negros etc.) em detrimento à posição dos negros discriminados. Entretanto, o racismo não é exclusivamente um complexo de mão única: há reação da parte das vítimas, que criaram mecanismos sociais e ideológicos de contestação e confronto (lógica I/D). Há, por sua vez, um quarto elemento de constituição do desenvolvimento do racismo americano, qual seja, o contexto social (lógica $D/^2$) onde se incluem novas oportunidades econômicas, com maior abertura à participação de negros em esferas de valor simbólico (defesa nacional, esportes, artes, ensino), o desenvolvimento da autoconsciência americana sobre a ilegitimidade política, cultural, institucional, religiosa e ética das atitudes racistas daquela sociedade dominante, as novas formas culturais de relacionamento, e especialmente as ações públicas institucionais (determinações jurídicas, políticas compensatórias, ação afirmativa etc.) criadas com o intuito de lidar com o problema e de tentar superá-lo. Efetivamente, o contexto de ação do racismo americano e de sua superação matiza esse racismo e o encaixa em possibilidades aceitáveis dentro da sociedade nacional. Resta saber agora onde se localiza a dimensão hiperdialética. Ora, o encaminhamento social e político de superar esse racismo se desenvolve por atitudes velhas e novas do dinamismo cultural americano. Que dinamismo é esse, e para onde ele se dirige? Para uma libertação maior do ser humano? Para uma superação das mazelas tradicionais da cultura americana, que hoje se apresentam como suas virtudes, tais como a competição desenfreada, o livre controle da sociedade pelo mercado (a economia dominando a cultura), o individualismo degenerado, a arrogância política do Estado americano? Eis que, em algum horizonte, está um lugar de destino da cultura americana, lugar não de todo conhecido, mas de algum modo almejado pelo seu povo. O engajamento e a convicção de que esse lugar seja libertário e aberto ao convívio harmônico e até à interação livre entre sujeitos de raças diferentes – eis onde poderá estar a dimensão hiperdialética do problema racismo americano e sua superação.

Conclusão:
para que a Antropologia Hiperdialética?

Este livro dedicou-se a propor que a Antropologia, como Ciência Social e como adjunto à Filosofia, pode estar prestes a dar um salto de qualidade teórica ao se configurar pelos princípios filosóficos e possibilidades metodológicas contidas no sistema lógico hiperdialético criado por Luiz Sérgio Coelho de Sampaio. Apresentamos em resumo no que consiste o sistema lógico hiperdialético e sua aplicação na conformação de uma nova teoria antropológica, a Antropologia Hiperdialética. Ao final, discorreremos brevemente sobre como três problemas próprios da Antropologia poderiam ser analisados nos termos da Antropologia Hiperdialética.

O que essa proposta traria de superior às teorias consagradas na Antropologia? Cada exemplo analisado traz uma configuração geral da metodologia que seria usada para o entender. No primeiro deles, a questão indígena brasileira, o que mais se destaca sobre análises anteriores, como a marxista/histórica, a funcionalista/identitária e a estruturalista/sistêmica, é que a Antropologia Hiperdialética é não somente capaz de trabalhar a questão por essas três dimensões, mas também aplicar a dimensão hiperdialética, pelo modo de projeção e prospectivização, bem como de engajamento, para orientar os sentidos dados pelas dimensões precedentes e, assim, obter um significado mais abrangente de toda a questão.

No segundo tema – a relação homem/mulher –, a hiperdialética eleva a questão para além das relações políticas, biológicas e históricas, e assim delineia um campo de expectativas e um campo de ação consciente, de engajamento e de esperança ou convicção na constituição do maior potencial possível de equilíbrio construtivo dos potenciais de cada um dos membros do par. A partir daí, as dimensões anteriormente reconhecidas são analisadas em si mesmas e em conexão com uma intencionalidade e um direcionamento.

O terceiro tema – o racismo americano e a busca de sua superação – requer evidentemente uma visão de futuro e projetação para que se possa almejar uma superação. Em suma, deve haver um lugar, um modo de ser, onde essa superação deve chegar. Se tal visão for conceituável, as demais dimensões analisadas em si e em seu conjunto se evidenciarão com consistência e com direcionamento.

As antropologias configuradas nas lógicas básicas

As Antropologias qualificadas anteriormente pelas lógicas da identidade, da diferença, da dialética e do sistema não são ignoradas, nem rechaçadas, nem dispensadas na visão hiperdialética. Ao contrário, cada dimensão que elas representam com vigor teórico são incorporadas como parte da Antropologia Hiperdialética, embora de um modo consistente com a conexão entre elas e sua subordinação à lógica superior. As Antropologias boasiana, malinowskiana e radcliffe-browniana representam a segurança da existência do Ser, constituído em seus próprios termos e em aspectos e instituições que funcionam em sistema. A Antropologia durkheimiana representa a diferença ou alteridade da identidade autoconstituída, seja seu inconsciente coletivo, seja sua extensibilidade, isto é, sua multiplicidade, seja ainda sua inconsistência e ambiguidade que se evidenciam em escrutínio minucioso. A Antropologia dialética se apresenta em forma de contradições, conflitos, mudanças e história, o ser em transformação dirigida a superações de situações prévias. O fenômeno humano é compreendido pelo que fora, pelas condições de sua existência e pelo seu vir a ser. Representa outrossim a ideia, o conceito como síntese do Um com o Múltiplo, o sentido de que em algum momento o ser existe, o fenômeno pode ser identificado e qualificado pelo seu passado e por sua atualidade, mesmo sabendo de sua transitoriedade. A Antropologia estruturalista e suas variedades partem da explicação de que o fenômeno humano faz sentido pela conexão de todos os seus componentes, conexão não só funcional, mas por si mesma, por seus elementos que se integram estruturalmente. Para a Antropologia funcionalista, um determinado componente cultural se relaciona com outro ou outros de um modo específico, como numa função matemática; para a Antropologia estruturalista, esse componente está relacionado independentemente de ter uma função: ele faz sentido por estar no sistema, o qual é recortado por um convencionalismo. A Antropologia estruturalista teve sua forma estabelecida por Lévi-Strauss desde seus artigos sobre a relação entre cultura e linguística e sobre modelos, até sua aplicação máxima nos estudos sobre parentesco, totemismo, lógica do concreto e mitologia. O estruturalismo lévi-straussiano estabelece num inconsciente neurológico (não psicológico, pois está aquém da possibilidade do consciente) humano o fulcro da operacionalidade estrutural, de cunho diádico (um/dois, ou, em linguagem computacional, 0,1), tanto da capacidade linguística quanto da formação e realização da cultura. A aplicação da visão estruturalista trouxe consideráveis sacadas (*insights*) nos aspectos culturais estudados, que geraram muita discussão e a abertura da Antropologia para relações com outras disciplinas, culminando com a Filosofia. Mas também provocou duas consequências restritivas. Uma delas foi a reificação do sistema, da estrutura e a consequente expulsão do sujeito consciente e do sujeito histórico. A segunda foi a redução do fenômeno humano a componentes mínimos, para que a estrutura simplificada fizesse sentido, deixando de lado outros componentes e dimensões que dão sentido superior a esse fenômeno. Ao final, o desmoronamento da estrutura é esboçado, quase como num processo de entropia.

Por exemplo, seu grande estudo sobre o parentesco reduziu o fenômeno à questão da contraposição entre consanguinidade e afinidade, retirando aspectos políticos, ideológicos e funcionais da questão, bem como uma clareza sobre mudanças de parentesco com estruturas elementares para estruturas complexas, tal como discutido anteriormente, em maior ou menor profundidade, por autores como Lewis Henry Morgan, Robert Lowie (1883-1957), Radcliffe-Brown e outros. Sem falar no fato de que os estudos sobre mitologias indígenas se desenvolvem em tal diapasão de dessubstancialização que chega à conclusão inevitável de que os mitos se reportam a si mesmos, como os discursos se reportariam a si mesmos, e não a seus sujeitos, suas culturas, e funcionariam, para usar sua analogia preferida, como se a música existisse sem compositor, sem maestro e sem orquestra, só com partitura.

Certamente que foi tanto em reação à rígida determinação das estruturas da Antropologia lévi-straussiana quanto ao dogmatismo histórico-dialético marxista que o pós-modernismo surgiu pelas mentes dos colegas franceses Michel Foucault (1923-1984), Jacques Derrida e Gilles Deleuze, para citar os mais eminentes e criativos. Naquilo que eles têm em comum, essa Antropologia pós-modernista se caracteriza pela regressão ao uso proeminente da Lógica da Diferença, uma espécie de retorno ao inconsciente coletivo, desta vez desestruturado, onde as fronteiras entre o outro estruturado e os outros que constituem o terceiro excluso na lógica clássica ficam irremediavelmente borradas e irrelevantes. Lévi-Strauss ao menos preservava o conceito de sistema, estrutura, como um recorte convencional, fixando a fronteira de um outro com os outros, o que o enquadrava na Lógica Sistêmica. Já a Antropologia pós-modernista rejeita o sistema como estrutura, rejeita as lógicas da identidade, da dialética e clássica (do terceiro excluso) e descamba para o uso desmesurado do princípio da contradição, da argumentação da inconsistência do ser e de sua multivariedade. Prevalece uma espécie de busca pelo não-ser, e pouca coisa de sólido no fenômeno humano fica de pé, o que para eles é cínica e sofisticamente motivo de imensa satisfação.

O pós-modernismo tem outras variações, como aquela de caráter suicida, que põe em realce a impossibilidade do conhecimento pela relação irremediavelmente assimétrica entre o sujeito e o objeto de pesquisa, e a variedade de Geertz, que postula a viabilidade do conhecimento antropológico tão somente como um exercício de estruturação aleatória (como numa rede fractal, sem direcionamento e sem sentido determinado) do fenômeno humano, onde o sujeito pensante também fica à mercê desse objeto indeterminável.

Há outrossim Antropologias que, mesmo cozinhando no caldeirão lógico-diferencial da atualidade, preservaram um sentido identitário, seja no sentido da dimensão da autoidentidade, seja pela dimensão histórico-dialética. Com efeito, embora com menos *glamour*, a maior parte dos textos e livros que se escrevem hoje continua a se basear na convicção da importância das dimensões da autoidentidade e da sistematicidade do fenômeno humano. De outro modo, as subdisciplinas da Arqueologia e Bioantropologia já teriam migrado para outras plagas acadêmicas. Na subdisciplina reinante, a Antropologia Social ou Cultural, não deixa de continuar a haver experimentações em torno dessas dimensões. Este é o caso de Marshall Sahlins que, vindo de uma base identitária, com perspectiva dialética, e influenciado fortemente pelo estruturalismo, produziu visões estruturais-dialéticas, como no seu trabalho sobre a economia primitiva, ainda que caindo de volta à ênfase na dimensão da autoidentidade, em seus trabalhos sobre a cultura americana e aquela história vista como interpretada pelos nativos. A Antropologia sahlinsiana se destaca pela lealdade ao espírito original da Antropologia boasiana, o que contrasta com as Antropologias diferenciais do pós-modernismo. Essas Antropologias guardam ainda a esperança no ser, talvez já de uma forma antiquada, como a fé que alimenta a história, tal como sentida pelos antigos hebreus. Por isso mesmo, acreditamos que elas serão mais receptivas à insurgência de uma nova Antropologia, tendo como sujeito operante o espírito do ser hiperdialético, do que as Antropologias diferencialistas, motivadas pela visão da inconsistência do ser e da estruturação aleatória e indefinida.

Para onde vai o ser humano?

Embora esta seja uma questão à qual atribuímos por exclusividade um caráter eminentemente teológico, ela também constitui o sentido maior da Antropologia Hiperdialética. Só que, para a nossa Antropologia, a resposta não é necessária, a pergunta em si basta. A Antropologia Hiperdialética não é, portanto, uma teologia, mas ela necessariamente, logicamente, postula que o ser humano tem um direcionamento, mesmo que esse sentido possa ser desconhecido, entretanto, jamais inusitado ou aleatório. O sentido do fenômeno humano se encontra e é reconhecido no âmago do anseio maior de busca de conformação do ser humano com sua natureza, que é a do ser para si e do ser para o todo, conforme imaginado e almejado pelas grandes teologias e poesias da Humanidade. Talvez essa natureza também seja a do ser com o todo, se pensarmos como aqueles físicos e filósofos que elaboraram o *princípio antrópico*, segundo o qual o universo, o todo, faz sentido só e exclusivamente pela existência do Homem, cuja base fundamental e lógica está inserida na sua própria formação física.

Metodologicamente, a pergunta pela finalidade ou direcionamento do ser é a principal característica a ser atribuída à Antropologia Hiperdialética. Todo e qualquer fenômeno humano, do mais simples ao mais complexo, deve ser estudado tendo como fulcro e sentido de análise a pergunta sobre o direcionamento. O fenômeno humano comporta, além das dimensões já vistas, uma totalidade moldada com sentido, uma integralidade que se abre para o seu desenrolar, o seu vir-a-ser. Todo fenômeno ou evento humano se opera em conformidade por esse sentido. Cabe à Antropologia Hiperdialética dar suporte metodológico à busca desse sentido almejado e à reconstituição de todos os sentidos possíveis do fenômeno humano. Ao contrário das Antropologias que vislumbram tão somente pequenas narrativas ou até a impossibilidade da narrativa, da constituição do ser em sua completude, a Antropologia Hiperdialética se deleita na visão da grande narrativa, imaginada como sendo o equivalente deslumbrante da infinita capacidade da língua de produzir sentidos. A linguagem, portanto, pode ser um modelo para se entender a cultura, o fenômeno humano, não apenas por suas características lógicas básicas, como, (1) de ser capaz de falar de si; (2) poder falar de e através de outrem; (3) operar por conceitos, símbolos e por ser capaz de transformar-se; (4) de ser estruturada em regras, e, mais além, especialmente de ser; e (5) discursividade, isto é, ser capaz de criar conceitos e novos sentidos.

A cultura, pois, se faz compreensível por suas dimensões básicas e por sua ulterior dimensão hiperdialética de intencionalidade e direcionamento, ao conter um sentido que se fará presente num tempo futuro. Cabe a nós, sem nos tornarmos teólogos, buscarmos esses sentidos.

Parte II

SÃO OS GUAJÁ
HIPERDIALÉTICOS?

Vivem ainda nos dias de hoje, nas florestas tropicais da Amazônia, diversos grupos étnicos em modos culturais e econômicos que se assemelham àqueles primevos *Homo sapiens* que evoluíram na África há 200 mil anos, de onde se espalharam por todo o orbe, adaptando-se a cada ambiente, transformando-se com o tempo em etnias diversificadas e ampliadas, uns horticultores, agricultores, reinóis, imperiais, medievais, capitalistas, e outros mantendo modos próprios tradicionais até chegar onde estão e continuar a viver parecido com que sempre viveram.

Parecido, mas não igual. As etnias de caçadores e coletores da atualidade não são relíquias de um passado arquetípico, não estão presas a memórias de antanho, não são fósseis culturais enrijecidos, mas são vivências culturais experimentadas e renovadas que se sustentam em condições de sobrevivência um tanto semelhantes, um tanto mais diferentes, as quais os impelem a fazer uso de sua vívida inteligência e criatividade nas atividades de caça, pesca e coleta de frutos e raízes, repartindo os bens entre si, casando-se, reproduzindo-se e criando filhos, coabitando com os outros seres da natureza, coexistindo e se posicionando diante de outros grupos humanos que lhes desafiam, para gozar a vida enquanto possível e refletir sobre os mistérios da morte.

Os grupos étnicos que vivem como caçadores, pescadores e coletores não são tantos como no passado colonial, não estão tão livres e tão ousados como antes, não enfrentam seus inimigos de frente, ao contrário, esquivam-se do confronto, buscam os lugares mais ermos para tocarem suas vidas, porém continuam a encarar o mundo de um modo íntegro, com angústias e tensões equacionadas, sem agressividade nem passividade, obtendo de uma realidade dura e quase sempre adversa um prazer de estar no mundo e de pensar seu momento.

Os índios Guajá são um desses grupos étnicos. Autodenominam-se *awá*, que quer dizer "homem", "gente", e se reconhecem entre si pela língua que falam e pelos hábitos e costumes que vivenciam. Seus pequenos bandos formados por duas, três ou até seis famílias circulam nas matas orientais da Hileia Amazônica nos vales dos rios Gurupi, Turiaçu e Pindaré, chegando até perto do rio Grajaú, onde a floresta vira mata de transição para o cerrado maranhense. Nos territórios que ocupam, afastados dos pontos mais cobiçados dos grandes rios, antes dominados por povos indígenas horticultores, cada grupo tem sua área de domínio cultural e econômico, a qual chamam de *hakwá*, cujo usufruto é próprio e só compartilhado com outros grupos por acordos estabelecidos em momentos de rivalidade e tensão. Os Guajá estão por aí desde meados do século XIX, quando chegaram descarreirados do Pará no atropelo das perseguições e matanças que se espalharam pelo baixo rio Tocantins na esteira vingativa do Império brasileiro contra a grande rebelião popular e étnica da Cabanagem (1835-1840). Até então, presume-se com boas razões que os Guajá constituíam um povo horticultor que vivia em aldeias com roças nos seus arredores, cultural e linguisticamente descendente da família tupi-guarani, cujos parentes próximos viviam na mesma floresta tropical, os atuais Parakanã, Assurini, Suruí e outros que se extinguiram. Os Guajá migraram para o leste ao mesmo tempo que os Urubu-Kaapor, outro povo tupi-guarani, talvez nos seus calcanhares, de repente não mais levantando aldeias e abrindo roças, mas dispersos em pequenos bandos, laborando a duras custas com rochas de quartzo buriladas e afiadas que se encabavam em pequenos machados, rachando e amolando taquaras endurecidas no fogo para ficarem cortantes como facas, e aguçando dentes de paca e espinhos de tucumã para furar suas miçangas de sementes. Raspando por horas e horas uma lasca de pau-d'arco, faz-se um grande arco envergado de 1,80m, e afiando-se um galhinho duro tendo um gancho virado para trás, obtém-se uma ponta que se encaixa numa taquarinha bem aprumada para compor uma bela flecha de 2m, com que se abate um macaco guariba, sem que ele possa arrancá-la de seu corpo, no estertor da morte, e com uma ponta de taquara afiada derruba-se até uma anta ou uma onça. Aqui e acolá um caçador *karaí*, brasileiro de que jeito fosse, deixava perdido um facão velho, um pedaço de ferro, uma caçarola, que se tornavam objetos cobiçadíssimos para facilitar a faina de cortar, raspar, afiar e afinar pedaços de madeira. No mais, a labuta diária era simples: fazer fogo – friccionando dois pauzinhos, carregá-lo para não dificultar o dia a dia, cozinhar, assar, moquear, aquecer, esfumaçar abelhas, amolecer coquinhos de açaí; desfibrar folhas novas da palmeira tucumã, torcê-las em fios e confeccionar redes e tipoias num tear simples; arrancar cascas moles de árvores duras para fazer rodilhas com que subir em árvores e surpreender guaribas escondidos nos embolados de galhos, folhas e trepadeiras do topo das árvores; tecer com mãos hábeis e ágeis cestos e jamaxins; desenvolver as estratégias e as artes de caçar, pescar, colher frutos nas estações e pomos de lianas, e sobretudo estar sempre perto de babaçuais para deles colher seus cocos maduros e assá-los no borralho das fogueiras para roer a goma do seu mesocarpo, rica em carboidrato, ainda que um tanto amarga.

Sem babaçu os Guajá não sobrevivem. Além da goma, tem as amêndoas ricas em vitaminas e gordura. Onde conseguir em abundância o contraponto às proteínas da caça e da pesca? Eis o dilema do povo caçador. Só os Esquimós aguentam por tanto tempo não comer frutas e legumes. Os territórios guajá se constituem no âmago da mata como uma colcha de retalhos adornados de babaçuais, os mais escondidos, onde os índios Guajajara, Timbira e Urubu-Kaapor, seus vizinhos indígenas, não pretendem ir, por os terem em excesso em suas capoeiras, e quando por lá apareciam era para persegui-los, como sempre. A carência de carboidratos é que atraiu os Guajá para o mundo dos horticultores. Talvez por isso é que sempre viveram não muito longe dos outros índios, longe só para passar meses sem vê-los, mas não tão longe que não pudessem pilhar furtivamente suas roças, como fazem os bandos de macacos-prego no amadurecimento do milho. Assim, viam e eram vistos pelos Urubu-Kaapor (autodenominados Ka'apor – "os moradores da floresta"), que os consideravam nascidos do pau podre, o qual Maíra, seu herói civilizador, escolhera para criá-los. Já os chamados Guajajara, que se autodenominavam Tenetehara, "os seres verdadeiros", consideravam, e muitos ainda consideram, os Guajá como sendo relíquias vivas de seu passado mítico, dos tempos de antanho, que não haviam "evoluído" para viver em aldeias e ter roças, homens da floresta, selvagens, inocentes e puros, mas agora, desafortunadamente, simplórios e ignorantes do mundo moderno. É curioso que os Guajajara-Tenetehara chamem os Guajá de wàzayzara, que significa "os donos do cocar", e que é o próprio vocábulo cognato de guajajara, na língua tupinambá. Foram os índios Tupinambá, que viviam na Ilha de São Luís, que aplicaram esse nome aos ditos Guajajara-Tenetehara, não se sabe por que razão. Sabemos disso pelo relato de um marinheiro francês que, na companhia de guerreiros Tupinambá, subiu o rio Pindaré em 1612, enviado pelo Senhor de La Ravardière, o chefe da colônia francesa implantada no Maranhão. Depois, expulsos os franceses, os Tupinambá enfrentaram os Guajajara-Tenetehara em 1616, já sob as ordens de Bento Maciel Parente, o mais feroz preador de índios dessa época, que andava freneticamente pela região em busca de um falado ouro nas serras do Tiracambu. O vocábulo guajajara confirmou o etnônimo aportuguesado dos Tenetehara pela pena dos jesuítas, em especial o Padre Antonio Vieira, que deles dá notícia em 1655.

Os Guajá não guardam memória, não cultivam uma merecida saga de sua jornada desde o rio Tocantins, nem mesmo a lembrança de um dia terem cultivado mandioca, milho e cará em roças semelhantes às dos seus vizinhos. Cento e cinquenta anos separam esses períodos, e se fosse tão só 50 já seriam suficientes. Acham hoje que sempre foram caçadores e coletores – como poderia ser diferente se a vida perfeita é a do caçador destemido e generoso? Porém, sua língua guarda sua história de horticultores nas palavras cognatas de plantas domesticadas. *Mani'o, waxi, kará, urumuhum,* os nossos conhecidos mandioca, milho, cará e jerimum, são signos do passado, enquanto arroz, que eles vieram a conhecer só nos últimos 50 ou 60 anos, ao se depararem na mata com roças de caboclos que penetraram em seus territórios, recebeu nome novo, *takwariake,* semente de taquarinha. Quando a Funai começou a fazer roças para atraí-los e mantê-los perto dos postos indígenas que foram se instalando a partir de meados da década de 1970, esses produtos se mostraram tão atraentes quanto os facões, machados, tesouras, depois roupas, lanternas e espingardas.

Os Guajá penaram sempre em sua condição de caçadores-coletores. A caça é abundante e variada, até o ponto de não ser preada em demasia, mas às vezes há dias que simplesmente some, não se a vê, e falta carne animal por dias. Sentir fome é sentir fome de caça, proteína e gordura, pois de algum modo sempre há algum carboidrato, alguma fruta, algum coquinho, algum tapuru para assar e comer. As mães que amamentam filhos até três, quatro anos, sentem o cansaço de carregá-los e ficam magras e tristonhas, com os olhos abugalhados no rosto ossudo. Se os homens de um bando se acometem de uma doença epidêmica, uma gripe que seja, perdem a resistência e minguam desvalidos nas redes e a fome vira *causa mortis.* Conhecer ao máximo o seu território, socializar esse conhecimento entre todos, saber explorá-lo sustentavelmente e ampliá-lo, se possível, é condição básica para melhorar as possibilidades de sobrevivência e crescimento. Saber dos lugares onde as palmeiras amadurecem mais cedo e outras mais tarde, os brejos que retêm mais água no tempo seco, onde as varas de queixada se aquietam para fuçar as lamas e usufruir de raízes e frutos caídos, as árvores onde os guaribas procuram as folhas mais saborosas, os frutos que os engordam, e os altos onde os jabutis pastam complacentes escondidos sob folhas secas.

Mas eis que o mundo não lhes pertencem. Os índios vizinhos, poderosos com armas de fogo e arrogantes com seus contingentes inúmeros, e os karaí de olhar arredondado, barba tosca e chapéus, alguns com barcos céleres, que chegam para acampar nas beiras dos rios pouco explorados e pescar nos finais de verão, quando a água baixa tanto que nem linha nem anzol são precisos, a tinguijada é produtiva, os peixes são salgados ou moqueados, enquanto alguns decidem variar de atividade e partem para caçar nos ermos solitários, precisamente onde estão eles, os Guajá. E quando os karaí decidem assentar e fazer roça, trazer famílias e derrubar a mata grande com seus machados tinindo na madeira dura, derrubar palmeiras de açaí para fazer casas, romper as fronteiras e invadir seus hakwá, aí não resta remédio senão a fuga mais uma vez, a escapulida para outro lugar que possa se tornar de novo um hakwá, nova mata a ser culturalizada, domesticada pelo pensamento e pelo conhecimento, encarar as incertezas novas, os espíritos de animais de quem não se conhece, endurecer-se à vida. As crianças mais novinhas morrem de fome ou de medo, os adultos com dores no *pyá*, o plexo solar, o chacra do umbigo ao peito, onde se instalam as doenças, outros de acidentes, quedas de árvores, picadas de cobra, infecções putrefacientes provocadas por cortes, os mais velhos, os que entendem mais de ervas e cânticos atentos para tudo, procurando salvar ou cantando em anúncio a morte chegada.

Há também as "mortes matadas". Os Urubu-Kaapor, escrevia Darcy Ribeiro quando esteve com eles em 1949, costumavam fazer expedições para matar Guajá quando algum parente morria e a dor do luto se tornava grande demais. Contavam-se casos e mais casos desses. Às vezes o contrário acontecia, mas nunca sem revide desproporcional. Em 1975, quando eu mesmo conheci pela primeira vez um bando Guajá, subindo o alto rio Turiaçu, passei por um casario de Urubu-Kaapor onde me foi apontada uma menina Guajá de uns 12 anos que havia sido arrancada de sua família, que fora atacada por seu raptor, motivado pelo luto de um filho, com alguns companheiros, uns oito anos antes. Chico Preto era o nome português do Urubu-Kaapor, e logo ele tomaria sua Guajazinha como segunda esposa, antes que alguém insistisse em desposá-la, com quem veio a ter vários filhos. Nas invasões dos karaí aos hakwá, acontecia de um Guajá à espreita atirar uma flecha e ferir alguém, como que passando o recado para se retirarem de seu hakwá, mas, incompreendido, sofrer mais tarde o ataque devastador e covarde de vários deles armados como jagunços, destruindo seu grupo familiar e seu bando, crianças passadas no facão, mulheres abduzidas, homens torturados à morte.

Por isso tudo é que os Guajá nunca foram muitos. Em 1856, um relatório do presidente da província do Maranhão dá notícia de índios nômades na serra da Desordem (hoje serra do Tiracambu), que divide as águas dos rios Caru, Turiaçu e Gurupi, acrescentando que haviam chegado do Pará. Um visitante estrangeiro, em visita a índios Amanajós, na região do rio Capim, no Pará, fala de índios nômades sendo alvo de perseguição dos seus anfitriões. Os Guajá estavam em movimento, passando de oeste para leste. Em 1911, quando Curt Nimuendaju, o grande antropólogo teuto-brasileiro, que pesquisou e conviveu com mais povos indígenas do que qualquer outro antropólogo, passou pelo Maranhão, visitou aldeias de índios Tembé, no rio Gurupi, e, por informação, descreveu os Guajá e os confirmou, para o registro antropológico, como caçadores-coletores. Com efeito, parece que ainda havia alguns bandos Guajá do lado paraense. Talvez até a década de 1930, seguindo informações de outros visitantes do rio Gurupi. O primeiro chefe de posto indígena estabelecido pelo Serviço de Proteção aos Índios (SPI, depois Funai, em 1967), recém-criado pelo coronel do serviço telegráfico, Cândido Rondon, na confluência do rio Caru com o Pindaré, relata, em 1914, a existência de índios Guajá nos entremeios das aldeias mais espaçadas dos Guajajara. Um bando fora presenciado nas imediações da velha Estrada do Sertão, longo caminho de comboios de mulas e gado que ligava o centro-sul maranhense, desde Carolina, até a baixada maranhense, às cidades de Pindaré-Mirim e Monção, onde os produtos do sertão eram levados de barco até São Luís.

Quantos eram os Guajá por esse tempo, sendo porventura perseguidos tão somente por outros índios, num vasto território vazio de karaí, com aldeias de índios horticultores se relacionando com o mundo dos brancos em doses módicas, porém não menos letais? Entre esses índios, a varíola, que até 1967 deixou marcas sobre os índios no Maranhão, os sarampos, as doenças pulmonares vinham e voltavam em intervalos curtos, deixando mortes e esmorecimento social, causando nos sobreviventes quebras de famílias, dispersão de aldeias, aproximação com agrupamentos novos de karaí, desobrigação de jovens que saíam para trabalhar para os entrantes lavradores que tinham alguma condição de serviço de roça e algum comércio. Em 1942, os Guajajara do rio Pindaré estavam com metade de sua população de 50 anos atrás, talvez uns 600; os que eram chamados de Tembé, em aldeias do rio Gurupi e além, nos rios Capim e Guamá, pelos lados do Pará, também caíam em população quando foram visitados pelo naturalista maranhense Raimundo Lopes, alguns se casando com negros quilombolas. Os Urubu-Kaapor, há poucos anos recém-contatados pelo SPI, já sofriam as primeiras epidemias de sarampo e varíola, caindo de uns 1.200 originais para 800, entre 1928 e 1936, e, em 1949, para menos de 600; em 1932, um deles surtou, foi acometido de *iñarõ*, muita raiva, e flechou fatalmente um servidor do SPI culpando-o pela morte do filho e da mulher. Em 1939, outro Urubu-Kaapor, de nome Wirá (pássaro), ao perder seu filho, debandou com sua mulher rumo a São Luís, 600 a 700 quilômetros a pé, passando por sitiantes velhos ou recém-chegados, povoados novos e cidades antigas, perguntando por Maíra, o herói-civilizador dos povos tupi-guaranis, que, dizia o mito, abandonara seu povo, depois de instruí-los nas artes da cultura, para viver no meio dos karaí poderosos. Talvez Maíra fosse um karaí, afinal de contas, como se pensava dos europeus quando primeiro chegaram por aqui! Em São Luís, Wirá foi detido e jogado na cadeia, de onde foi dada notícia nos jornais e daí solto por funcionários do SPI. Trataram-no bem, deram-lhes presentes e enviaram-no de volta. Porém, sem ter descoberto a razão de seus sofrimentos, nem obtido sua redenção, sem ter visto Maíra, não suportando a frustração, Wirá, muito antes de chegar à sua terra, atirou-se num remanso do rio Pindaré e foi devorado por um cardume de piranhas. Já os Timbira-Krejé, que haviam sido um poderoso grupo jê, com grandes aldeias circulares, dispersos pelo rio Gurupi em casarios familiares, sem aldeias para dar-lhes sentido étnico, eram cada dia menos, morrendo à míngua, suas filhas e filhos casando-se com quem lhes aparecesse para preservarem-se.

No meio desses povos horticultores e em contato com os karaí, peregrinando pelas matas altas entre os rios Gurupi, Turiaçu e Pindaré, já chegando um bando ou outro nas bandas divisoras do rio Grajaú, penso que os Guajá deviam formar uns 20 ou 30 grupos ou bandos, somando de 400 a 500 pessoas, bandos que podiam agregar nos momentos ritualísticos de confraternização até 100 pessoas, quiçá, onde havia menos presença de seus agressivos vizinhos. No dia a dia, os maiores bandos estáveis tinham no máximo 40 ou 50 pessoas, os menos estáveis sobreviviam temporariamente com duas ou três famílias que se juntavam a outros ou absorviam jovens casadoiros de outros. Essa população foi caindo lentamente pelas décadas seguintes até fins da década de 1950, quando então o número de caboclos do leste maranhense e de estados nordestinos foi aumentando a cada mês, vindos em fuga do regime semisservil de agregação em fazendas, da turbulência do pioneiro expansionismo agronegocial impingindo sobre suas parcas condições de vida, e sendo atraídos pelo movimento social de obtenção de terras no bojo dos primeiros movimentos de camponeses no Nordeste e nas políticas de assentamento e colonização em terras virgens.

À busca das folhas verdes, já assim expressou um pesquisador sobre o sonho utópico dos migrantes nordestinos que viraram sitiantes da mata. O oeste maranhense parecia à Sudene, encarregada de fazer o desenvolvimento do Nordeste, por volta de 1958, um auspicioso e vazio território para implantar projetos de colonização para essa gente desvalida em desagregação socioeconômica, mas com ganas de jogar seu presente no ar e arriscar sua vida por algum sucesso na mata livre. Pois aí foram chegando tantos mais que a Sudene terminou não dando conta de quase ninguém. Seu projeto de colonização, tão ambicioso, com terras bem escolhidas e bem repartidas, com estradas de escoamento e vilas com postos de saúde e escolas, foi aos poucos perdendo vigor e consistência, especialmente já com a Ditadura Militar instalada, e os lotes de terras individuais foram virando pontos de passagem para os assentados desmatarem, venderem barato a madeira, fazerem uma ou duas temporadas de roças e passá-los adiante para um colono mais esperto jogar sementes de capim e tanger para lá umas cabeças de gado. Os Guajajara que dominavam o médio rio Pindaré desde o tempo dos jesuítas foram perdendo peso demográfico e denodo para enfrentar essas levas de imigrantes que, com suas famílias numerosas, iam levantando casas de taipa e fincando estacas em lugares onde já houvera aldeias ou foram bons de pescar ou extrair óleo de copaíba. E o SPI, por mais que seu respeitado chefe positivista, amigo de Rondon, em São Luís, propusesse a rápida demarcação de algumas glebas de terras para garantir e proteger o que fosse possível aos Guajajara, aos Urubu-Kaapor e outros, inclusive os Guajá, não lograva êxito. Porém, sua luta não foi totalmente em vão. Em julho de 1961, o presidente Jânio Quadros decretou, entre outras, inclusive o Parque Nacional do Xingu, a criação da Reserva Florestal do Gurupi, uma área de 1,7 milhão de hectares ladeada a oeste por uma extensão de 150 km do rio Gurupi, desde um ponto na altura do paralelo 4º, descendo até o povoado de Itamaracá, de onde saía sua divisa norte por uma linha seca que corria em diagonal até a antiga Colônia Pimentel, numa certa altura do rio Pindaré, subindo-o para formar a divisa leste até o ponto de interseção com uma linha seca que corria ao longo do mesmo paralelo 4º, formando a divisa sul e fechando o polígono. A Reserva Florestal do Gurupi englobava terras onde havia aldeias guajajara, todas as aldeias urubu-kaapor, os casarios timbira-krejé e quase todos os hakwá guajá. Ao SPI o decreto incumbiu de assistir os índios, o que significaria reconhecer e demarcar suas terras. Parecia factível, terras livres à vontade, pouca gente assentando roças na beira do rio Pindaré. Entretanto, tudo aconteceu célere demais. Jânio renunciou da presidência logo em seguida, João Goulart não conseguiu realizar uma política de demarcações de terras indígenas e os militares, que extinguiram o SPI e criaram a Funai em 1967, só foram tratar da demarcação dessas terras a partir de 1977, no seu alto período de autoritarismo, sob o comando de um coronel que, de moto próprio, delineou as terras indígenas em duas glebas, a Alto Turiaçu, com 515 mil hectares e a terra indígena Caru, com 176 mil hectares. Entre estas ficaria uma parte para o IBDF (hoje Ibama), e o resto para quem chegasse mais cedo. As duas terras indígenas ficaram garantidas, graças à presença indígena e sua mística, e aos esforços da Funai, e não fosse a desenvoltura impune de madeireiros e a cupidez de alguns índios venais, estariam incólumes de invasores, aventureiros, devastadores e caçadores. Tempos depois, já em 2006, uma nova terra indígena, Awá-Guajá, em homenagem aos próprios, foi demarcada com 140 mil hectares, ligando as duas terras já demarcadas. Essa demarcação chegava um tanto tardiamente e diminuída, pois, estudada por uma equipe liderada pelo autor, proposta em 240 mil hectares, em 1987, projeto vetado pelo novo Ibama, encontra-se hoje majoritariamente invadida e devastada de matas por grilagem de fazendas e sítios de posseiros. O que restou da Reserva Florestal do Gurupi foi tomado por fazendas de gado, assentamentos, sitiantes e posseiros de toda sorte, enquanto o Ibama, incapacitado para proteger reservas e sem a mística indígena para de algum modo esbarrar invasores, mantém sua parte totalmente tomada, explorada e devastada. Vão se acabando, mais cedo que tarde, as últimas matas das franjas da Hileia Amazônica, no estado do Maranhão, onde vivem as ararajubas, e onde, segundo alguns biólogos, se concentraram numa zona de refúgio as espécies de fauna e flora que repovoariam a Hileia ao final da última glaciação. Restam apenas as áreas de terra reservadas aos povos indígenas, as quais possivelmente continuarão assim, se seus líderes se mantiverem avessos às demandas da vida civilizada e à vertigem do consumismo desenfreado.

Entrementes, há bandos guajá em outras partes. Aquele bando relatado em 1914, localizado perto da estrada do Sertão, já estava bem fora dessas terras da Reserva Florestal do Gurupi, a leste pelos lados do igarapé Presídio, que desce como um longo filete de água já no baixo rio Pindaré, perto da atual cidade de Santa Inês. Subindo por ele, chega-se às terras do Arariboia, um bom quadrilátero de mata tropical com 430 mil hectares, demarcadas originalmente em 1959 para os Guajajara. Um bando guajá permanece aí até hoje, talvez 15 a 20 pessoas, esgueirando-se de um lugar a outro, tentando sobreviver diante dos Guajajara que os flagram de vez em quando curiosos e sem saber o que fazer com eles, sem dialogarem, e diante do rebuliço dos madeireiros que entram fundo por essas terras com caminhões e tratores barulhentos, desde Amarante e Montes Altos, para derrubarem árvores de lei que os próprios Guajajara permitem às escondidas, todo o mundo sabendo, diversas expedições com a política florestal do Ibama já tendo passado por lá. Um dilema atual, um desastre futuro, quem terá coragem de encarar esse desafio de contatar um bando guajá e saber que eles estarão em maus lençóis nessa terra que também é deles, mas que os Guajajara sempre a consideraram sua? Para o lado oeste, onde desce paralelo o igarapé Buriticupu, ladeando a terra indígena Araribóia, houvera outro bando guajá. Quando os Guajajara saíam em caçadas para obter couros de onça e de veados e colher almécega e copaíba, ainda nos idos das décadas de 1950 e 1960, de vez em quando se deparavam com gente Guajá, um acampamento aqui, um sinal de mel colhido acolá, um vislumbre de gente correndo mais adiante. Às vezes se deparavam entre si cara a cara, sem se sentirem ameaçados. Nos anos de demarcação da terra indígena Araribóia, na construção de uma estrada carroçável, uma pequena aldeia guajajara foi crescendo e atraindo novos habitantes até virar um centro de outras aldeias, com mais de mil Guajajara, por volta de 1976. No meio tempo, o bando guajá foi se espavorindo, correndo para outros lugares vazios ao sul até que foram bater no cerrado e se perderam por lá. Em 1978, esse bando foi surpreendido e encurralado por capangas de uma fazenda, no município de Porto Franco, sudoeste do Maranhão, já perto do rio Tocantins. Resultado: cinco mortos, um menino de 8 anos aprisionado, umas sete a dez pessoas fugindo. O menino foi resgatado pela Funai e levado para o Posto Indígena Guajá, na terra indígena Alto Turiaçu. Em 1987, um homem estranho, desgrenhado, nu, porém sem vergonha, sorrindo pacífico, "gungunando" palavras incompreensíveis, se aproximou de um punhado de peões de construção de uma estrada no oeste da Bahia. Era o líder deles, Karapiru, o último sobrevivente que passara sete anos perambulando solitário pelos cerrados, vivendo do que podia caçar, colher, cozinhar escondidinho e furtar de plantios abandonados. Ninguém o tinha visto até então, embora muito vaqueiro solto pelos cerrados dera conta da carcaça de um burro ou do desaparecimento de um bezerro aqui e acolá. A Funai foi chamada e um indigenista veio com o jovem Guajá resgatado em 1978, com intérprete, já desconfiado que podia ser algum dos Guajá perdidos pelos sertões. O intérprete, Kamitxaitxá, descobriu emocionado que aquele homem era seu próprio pai, reconhecido por uma cicatriz nas costas da qual se lembrava desde menino. Epa, o último não! Um ano depois, um rapaz igualmente desnudo e com feições indígenas, de uns 18 anos, foi surpreendido enfurnado numa grota no norte de Minas Gerais, a uns 300 km de onde se encontrara Karapiru. Iakaretxin é o seu nome. Passara 9 anos, desde a mais tenra idade, solitário, virando homem por si só, comendo cru quase sempre, fazendo fogo nas locas de pedra, sobrevivendo e virando homem sem falar com ninguém. Quando foi levado para seu povo, não havia esquecido a língua, ela foi se desfolhando, mas faltava-lhe vocabulário. Ambos os Guajá estão hoje no posto indígena Awá, na beira do rio Pindaré, na terra indígena Caru, casados e com filhos, felizes, vendo o seu mundo recomposto. Dois anos depois, mais uma família, com casal e dois filhos, foi encontrada nas matas do Gurupi, no Maranhão. Enfim, o bando guajá do rio Buriticupu fora encontrado, aos pedaços, seis pessoas vivas, que foram talvez umas 30 na década de 1960. Integrados com outros bandos, sobrevivem individualmente e vão deixar descendentes e marcas na história guajá.

Meu encontro com os Guajá

Interessei-me intelectualmente por povos e culturas indígenas, sendo estudante nos Estados Unidos, por causa do livro *Tristes Trópicos*, de Claude Lévi-Strauss, que li num curso de Antropologia, no meio de outros estudos que me chamavam mais a atenção, como Línguas e Filosofia. O livro já era uma sensação antropológica, e para mim parecia um relato instigante e ao mesmo tempo crítico e melancólico de sua passagem pelo Brasil, especialmente dos índios que havia visitado em 1937 e 1939. Havia análises e comentários reveladores sobre a vida de diversas etnias, entre as quais os Nambiquara, caçadores e coletores com baixíssimo nível de horticultura itinerante, os Bororo e sua especialíssima organização social dualista, os Kadiwéu e seus desenhos faciais, os Kawahib e seus grupos esfacelados em pequenas etnias, com a consequente dispersão em grupos ainda menores que foram aos poucos perdendo as condições de sobrevivência autônoma, e ainda muitas observações e reminiscências de todas as sortes, umas azedas e sacanas sobre o Brasil e, ao final, a demonstração ácida e melancólica de um tempo que lhe parecia estar se desmilinguindo. Lévi-Strauss já era o grande antropólogo francês e estava terminando de publicar suas "Mitológicas", que iriam deixar meio mundo admirado e confuso: mitos que "falam" com mitos das mais longas distâncias das culturas que os engendraram. Acompanhar Lévi-Strauss foi uma sina de muita gente por muitos anos, até que a dúvida, o rigor intelectual e sua aplicação sociológica falaram mais alto e aos poucos o estruturalismo foi perdendo sua aura de credibilidade no pensamento antropológico. Não de todo, mas para ser ultrapassado com respeito, sim. O marxismo obtido de leituras de Marx, Sartre e novos marxistas me ajudaria a recompor a vida no Brasil depois que a experiência indígena deixou de ser tão só uma experiência existencial para se transformar num reflexão filosófica sobre a vida e a base da minha prospecção intelectual e política. A experiência vivida com os Guajá é a síntese dessa transcendência humana.

Estava fazendo pesquisa com os índios Guajajara, em novembro de 1975, quando surgiu a oportunidade de visitar um bando guajá que havia sido contatado dois anos antes por uma equipe de indigenistas jovens, no alto rio Turiaçu. Dei um tempo e consegui persuadir a equipe auxiliar da Funai a me levar consigo para abastecer o indigenista José Carlos Meirelles que permanecia com os Guajá por longas temporadas, mantendo contato apenas por radioamador, sem se importar de voltar ou viver em São Luís. A jornada de uns 80 km rio acima levou quatro dias, passando por casarios esparsos de posseiros e por uma morada de índios Guajajara, antes de entrar na terra indígena, ainda não demarcada, mas já delimitada, no começo da qual havia duas aldeias urubu-kaapor. Numa delas, a Cara de Pau, onde estava o posto indígena dirigido por um sertanista suíço, dormimos e descansamos por um dia. O veterano sertanista que dirigia a equipe de atração dos Guajá mostrou pela primeira vez aos Urubu-Kaapor uma motosserra, com a qual seu ajudante serrou em demonstração uma grossa sapucaia que ficava no alto do barranco do rio, a poucos metros da casa do cacique. Acho que todos nós ficamos admirados pelo poder dessa ferramenta, os índios querendo uma igual para aliviar seu trabalho de derrubar árvores com machados de aço. A motosserra era o progresso.

Continuando a jornada, antes de chegar ao lugar Cocal Grande, onde estava situado o posto indígena de atração, passamos pela casa de Chico Preto, que nos ofereceu chibé e carne de porcão moqueado e avisou que tinha recebido a visita de uns Guajá que vieram para ver a parenta que mora com ele, mas que ele não ia permitir que eles a levassem embora, que ela já estava acostumada e que não queria voltar a viver como Guajá. Onde estava a verdade disso tudo é algo que nem hoje sou capaz de dizer.

O Cocal Grande despontou frondoso logo depois de uma curva do rio, com seus coqueiros altos e farfalhantes. Meirelles nos recebeu como um menino alegre e ansioso por presentes, principalmente cigarro, que já fazia dois meses que fumava folha de mamoeiro. Além do tabaco, trazíamos cartas dos parentes, mantimentos, material de caça e pesca, novas ferramentas e brindes para os índios: facões, tesouras, agulhas grossas, anzóis, linha de pescar, panelas de alumínio. Tudo muito útil, nada de roupa ou armas de fogo. Em mais algum tempo isso fluiria como parte das negociações entre Funai e índios, inevitavelmente. No dia seguinte chegaram os índios: à frente crianças, logo depois um líder jovem, musculoso, altaneiro, de uns 35 anos, com um sorriso no rosto, um andar calmo, com uma passada característica de índios que vivem na mata, andando de modo que seu pé virava para dentro ao alcançar o chão, postura própria para evitar tropeçar nos tocos no meio das veredas da mata. Atrás de si, suas mulheres, uma já velha e uma nova, com uma filha de outro marido, a qual seria sua terceira esposa alguns anos mais tarde. No meio, já à vontade com os sertanistas, três filhos pequenos e mais outros rapazotes. "Capitão Manoel" era o nome que lhe apelidaram o sertanista Meirelles e seu auxiliar Florêncio Diniz, o Major, um homem simples e humilde, descendente de antigos quilombolas da região, que, por tanto conhecer os índios Urubu-Kaapor, havia se tornado um verdadeiro sertanista. Mais tarde, em 1980, quando voltei para fazer pesquisa no sério, descobri que seu nome era Tamakaimã, e consegui fazer com que a Funai reconhecesse os Guajá por seus nomes de origem, não mais por apelidos e epítetos, dos mais jocosos possíveis que lhes haviam sido dados. Naquele tempo achava que dar nomes engraçados a índios era um jeito de desmerecê-los; e é sim, mas penso também que é um costume brasileiro que vem de longe, provavelmente da relação interétnica, iniciada no século XVI, e que se perpetua na tradição de cunhar apelidos a pessoas – Pelé e Garrincha, sendo os mais festejados.

Para mim foi um encontro emocionante ver homens e mulheres nus saindo da mata, como que saindo de um outro tempo, e se achegando lentamente, as mulheres timidamente sorridentes com seus bebês a tiracolo e os macaquinhos de estimação agarrados em seus cabelos, vestidas em saias de tucum tecido, os homens com seus prepúcios amarrados, os meninos nuzinhos, todos sem nenhum pudor, a lembrar o deslumbre da carta de Pero Vaz de Caminha ao ver os índios pela primeira vez em 1500. Os Guajajara não andam assim há mais de dois séculos, e os Urubu-Kaapor, que já se vestem há 50 anos, e com quem tomara banho dias antes, ao tirar a roupa escondem suas partes íntimas com as mãos em copas, antes de mergulhar, pois já não mais amarram o prepúcio, que era para eles, como o é para os Guajá, a forma de estar vestido. Por uma semana estive com esse pequeno bando de 13 Guajá liderados por Tamakaimã, conversando com eles, observando-os no aprendizado de torrar farinha de puba no forno do posto indígena, esforçando-me para capturar as primeiras palavras e naturalmente me assegurando de que era uma língua da família tupi-guarani. Meirelles e Major, já com dois anos entre eles, me diziam que já tinham sido visitados por uns 50 Guajá, que vinham e voltavam em pequenos grupos, e que contavam que havia mais deles no mato, para os lados do rio Gurupi e para o sul, na direção da serra do Tiracambu. Dois anos depois, aconteceria uma grande confraternização de Guajá, com cerca de 90 deles dançando uma noite inteira no pátio do posto indígena. Era final de verão, os rios estavam piscosos, os porcões fuçando nos brejos, os guaribas comendo bacaba. Uma alegria imensa para o velho Major, que presenciara esse encontro por uns diasinhos, Meirelles já tendo deixado o Maranhão e ido morar no Acre.

Essa história de tantos Guajá me foi contada pelo velho Major em fevereiro de 1980, quando aportei no mesmo posto indígena, mais uma vez subindo o rio Turiaçu de voadeira, desta vez para ficar cinco meses entre eles, aprender sua língua, conhecê-los, descrever sua cultura, ficar seu amigo. No intervalo de 1978 a 1980, um sertanista, que depois iria ganhar notoriedade, foi substituir Meirelles e chegou em má hora. Dos 53 Guajá que entretinham um relacionamento próximo com o posto indígena, 24 morreram nesse período. Foram acometidos de gripes que rapidamente se transformavam em pneumonia. Alguns pegaram a gripe no posto, outros com sitiantes fora da terra indígena, a quem eles visitavam como se fosse, de fato, sua terra. Ao pegar a gripe, alguns fugiam para o mato, não aguentando a tosse braba, depois a febre altíssima, a desidratação e, por fim, a fraqueza pela falta de comida. Quando ficavam no posto, ou nas imediações, dava para um auxiliar de enfermagem ir ter com eles, alimentá-los com leite em pó, açúcar, farinha, aplicar-lhes antibióticos e analgésicos, que aliviavam muito o sofrimento, aumentando sua possibilidade de sobreviver. Quem fugia mata adentro, ficava difícil trazê-los de volta, dada a pouca confiança no sertanista, e aí estava feito o desastre. Às vezes pouco adiantava seguir um guia Guajá que vinha ao posto para relatar que alguém estava passando muito mal. Quando lá chegava a equipe do sertanista, vários já haviam morrido, seus corpos debaixo de suas *tipá*, suas casinhas, ao longo das veredas. Num esforço desesperado, levaram um homem rio abaixo na voadeira, depois de carro até São Luís, três dias de viagem, e o homem morreu no hospital, ao que parece com problemas no fígado e pâncreas. A situação era sombria e parecia repetir tantas mortes que já haviam ocorrido entre os Guajá, alimentando o pessimismo de que não havia saída para eles. Foi num espírito de total desesperança que cheguei ao posto indígena. Havia tão somente 23 índios, alguns ainda doentes, e mais um grupo de uns seis que pouco apareciam, e de quem não se sabia se permaneciam vivos. Os Guajá não se dispunham a gastar sua pouca energia para ir até onde eles estavam, muito dentro da mata.

Passados os primeiros dias em que os sorrisos trocados, alguns simples presentes dados, umas poucas palavras aprendidas, suas vozes tão baixas que mal conseguia discernir os fonemas pronunciados, começaram a abrir uma esperança ao antropólogo. Lá estavam três rapazes dos seis meninos Guajá (incluindo duas meninas) que haviam sido resgatados alguns anos antes pela equipe de saúde da Funai, de vários locais ao longo do rio Pindaré e Caru. Um deles era o menino do episódio do ataque dos capangas de Porto Franco, os outros dois foram resgatados de uma família de sitiantes do rio Caru, cujos pais e parentes haviam morrido de gripe contraída no contato com essa família. Txiaparentxiá, Kamitxaitxá e Jeí iriam me ajudar a aprender os rudimentos da língua guajá, enquanto eu fazia amizade e abria minha mente para ouvir os demais Guajá conversando em seus tipá, nas visitas ao posto indígena, nas caçadas e pescarias. E assim se deu, eu criando uma ararakãpinhum, meu *heimá* papagaio de coleira, no meio de nuvens e nuvens de mosquitos e piuns, de onde eu eventualmente iria contrair minha quarta malária como antropólogo. Passados dois meses de concentrada pesquisa, em cujo tempo li *Grande Sertão: Veredas*, veio a notícia de que um bando guajá havia sido visto e contatado por um sitiante no igarapé Timbira, que desce no rio Pindaré, cercado por fazendeiros e posseiros por todos os lados. Parece que eram muitos e estavam nervosos. A Funai planejava preparar uma expedição para fazer o contato, e não havia sertanistas para isso. Eu de imediato me dispus a participar, já entendendo alguma coisa e sabendo dizer algumas frases em guajá, portanto com a vantagem de poder fazer contato sem que os Guajá estranhassem tanto, levando comigo três Guajá como auxiliares e intérpretes. A ideia de fazer o primeiro contato com um povo indígena resplende na imaginação de qualquer antropólogo. Os Guajá já haviam se tornado seres incomparavelmente adoráveis para mim, estando com eles já até em sonhos, participando de sua vida de caçadores-coletores, observando sua lida doméstica, dormindo no seu acampamento, acordando com o despertar dos seus animais de estimação, os heimá, macacos de várias espécies brincando com quatis, como se fossem bons irmãos, e o ronco afetuoso do porco queixada, que foi amamentado por Txiahum, fuçando minha rede. As mulheres amamentam os heimá como se fossem seus filhos, desde que são obtidos das suas mães, em geral abatidas nas caçadas, contanto que não as mordam, com certeza.

Os heimá em geral são livres, só os mais nervosos ficam amarrados por cordas, perambulam pelo acampamento, são alimentados pelo que lhes dão, acompanham seus donos para onde quer que vão e voltam com eles. Quando viram adultos e sexuados, entretanto, frequentemente retornam à vida selvagem, e fica para os Guajá a preocupação de não os abater numa caçada. Os heimá são seres da natureza que viram seres da cultura. Ou por outra, os heimá é que fazem os Guajá saberem que são seres da natureza. Pois que, tão dentro da natureza estão os Guajá, suas tipá construídas nos troncos das árvores, debaixo de suas copas, sem que haja qualquer separação física ou simbólica entre casa e floresta, a vida cultural dentro da natureza, que sua vontade de ter heimá só pode significar a máxima representação da vontade do homem de voltar à natureza, à vida primordial, e não, como falam ecologistas e antropólogos tradicionais, de querer dominá-la.

Cheguei ao interior do vale do Pindaré em abril de 1980, depois de descer o rio Turiaçu, passar por São Luís, voltar a Santa Inês, e de lá tomar um barco carregado de mantimentos da cidade – açúcar, café, sal, tecidos, roupas simples, calçados, objetos de higiene, material de cozinha etc. – para serem distribuídos pelas vendas nos povoados que pontilhavam o médio rio Pindaré. Do povoado Mineirinho, alugamos um par de mulas para carregar os teréns mais pesados que trazíamos para passar 15 a 20 dias de uma vez, e caminhamos por três léguas, subindo e descendo pequenos morros já devastados de mata, sol aberto, por entre roças e carrascais baixos, até chegar ao ponto final, na beira da mata, onde o último sitiante tinha aberto uma roça, e de onde haviam recebido uma curiosa visita de alguns homens Guajá. Sim, havia Guajá, tinham conversado com eles, disseram-nos duas pessoas ao chegarmos de tardinha ao último casario de sitiantes, o "Centro dos Paulo", e onde dormimos. "Centro" é o nome que maranhenses e paraenses dão aos lugares onde derrubam uma mata e abrem uma roça, distante dos seus povoados, até que dê para ali fazerem suas próprias casas e passarem a morar. Se ficar forte, se atrair mais pessoas, o centro vira povoado. É assim que avançam mata adentro e ampliam a presença do homem na floresta.

Nosso acampamento, uma barraca de seis esteios com teto de palha, ao lado um puxadinho ainda menor para montar o fogão de três pedras, foi montado na beira do igarapé Timbira, um corregozinho de três metros de largura, ainda cheio de água de chuvas, que nascia há poucos quilômetros e que descia em voltas precisamente até o Mineirinho. Além do básico da cozinha – sal, feijão, arroz, óleo, algumas latas de leite, café e açúcar – e sabão e objetos pessoais, planejávamos pescar e caçar para nos abastecer. Por aí ficaríamos, não sabendo por quanto tempo, certamente até fazermos contato com os índios.

No dia seguinte à nossa chegada e por mais dois dias ansiosos saímos para andar pela mata à procura dos Guajá. Será que eles estavam por ali mesmo, ou já teriam fugido para outro lugar? Eu também me fizera caçador e portava um rifle 22 com o qual já demonstrara destreza e boa pontaria para os Guajá com quem havia caçado. Tinham vindo comigo três Guajá do Alto Turiaçu, Jeí, Txapanamhum e Takydjiá, os dois últimos sem falar uma palavra de português, e conosco estavam também dois indigenistas da Funai, Luiz Mourão e Antonio Lau, e um morador do "Centro dos Paulo". Mais tarde viria estar conosco e nos ensinar muitas coisas de índios o velho Benvenuto Riedel, sertanista e indigenista entre os Guajajara por longos anos, ele mesmo filho do primeiro chefe de posto indígena, já mencionado, e uma índia Guajajara. No terceiro dia, pelas 13 horas, estávamos perambulando e caçando, debaixo de uma chuva fina, mas persistente, quando meus amigos Guajá avistaram, por entre as altas árvores, numa clareira natural que a mata alta forma aqui e ali, duas pessoas com jeito de ser Guajá, e gritaram para elas. Na garoa eles se aproximaram e se saudaram, quando eu me apresentei em guajá: *"Iakutxiá iha, ma'awa niã?"* "Eu sou Iakutxiá (o nome que haviam me dado no Alto Turiaçu), quem são vocês?" Aí, tomados de surpresa, olhando-me sem entender, declararam seus nomes e começaram todos a falar alto e entusiasmados, eu perdido sobre o que falavam. Mas alegres demais! Os Guajá não se abraçam nem se tocam normalmente, mas quando excitados e animados falam alto e estridentes, enfatizam o assunto com a interjeição *teiiiiiixxxx*, quanto mais alongada, mais retórica, e batem com a mão fechada no lado do quadril, nas costelas ou no peito. Naquele instante, talvez por sentirem que karaí abraçam ao se encontrar e, por gentileza, nos tocávamos com as mãos; abraçávamo-nos e ríamos às escâncaras. Eles me perscrutavam de alto a baixo, e eu também, seus cortes de cabelo em forma de cuia, um deles meio cacheado, o corpo nu sem tatuagens, cicatrizes ou pinturas, esguios e musculosos, arco e flechas na mão esquerda, o riso franco, tomando fôlego e estalando a língua no palato. Nem notamos que a chuva amainava e que já começava a entardecer, tínhamos que voltar. Disseram-nos que estavam próximos dali, *pe-be*, o que talvez significasse uma meia hora de caminhada na direção oposta do nosso acampamento. Convidamos-lhes a visitar nosso acampamento também pe-be, na beira do igarapé, ao lado da roça do karaí. Sim, iriam falar com os outros. Quantos? Muitos, *ha'i*, podia ser mais de cinco, 15 ou 30, pelo jeito. Embora ainda nervosos, tínhamos feito o contato de um modo amistoso e esperançoso. Os Guajá me davam a certeza de que tudo ia correr bem, que os outros viriam nos ver, que os salvaríamos de um destino cruel de ataques, fugas, abandono e mortes.

Com efeito, no dia seguinte, pelas 9 horas, foram chegando os Guajá, em fila indiana, homens à frente, meninos pelo meio, depois mulheres com bebês a tiracolo e atrás mais homens. Doze, treze, quatorze pessoas, que se achegaram ao nosso barraco e foram se acocorando, alguns sentando em tocos, as mulheres mais atrás com seu jeitinho de sentar virando as pernas para o lado. Todos sorridentes. Oferecemos-lhes farinha e cozinhamos uma panela grande de arroz, sem sal, e comemos juntos, a conversar, a perguntar, a olhar admirados. Soubemos que eram mais, outras famílias haviam ficado no acampamento, alguns homens e mulheres haviam ido caçar e coletar jabutis ou cocos babaçus, em um cocal pequeno e distante, pois os grandes cocais haviam sido derrubados pelos sitiantes invasores. Nos dias seguintes, continuaram vindo outros e outros, e dois dias depois lhes pedi para visitar o acampamento. Fui com os companheiros Guajá e os indigenistas caminhando quase uma hora para ao final subir um morro alto onde havia sete choças, quatro paus fincados em retângulo com uma cobertura de varas finas e folhas de palmeira, chamadas tipá, isto é, "casa", cada qual com uma família, duas redes para marido e mulher, meninos podendo dormir no chão. Somando-os discretamente, eram 29 pessoas, um bando de bom tamanho. Txipatxiá logo se destacou como seu líder, não pelo que mandava os outros fazer, mas pela iniciativa que tomava em fazer qualquer coisa necessária, desde trançar um cesto para carregar comida, distribuir comida ou presentes, sem falar demais, perguntando aos outros o que achavam disso ou daquilo, rindo discreto ou esbaforido, quando Kamairu, seu irmão mais novo, fazia alguma pantomima que agradava a todos. Sua mulher era bem mais velha, uns 60 anos, chamada Miraketxiá, sorriso e olhar cativantes, magra demais, e olhava por quase todos, os dois filhos casados com suas famílias, a filha jovem recém-casada e um neto a quem mimava por não ter mãe. Havia de fato mais homens que mulheres. Pirá era o homem mais velho, quase sem dentes na frente, um olhar simpático, mas cauteloso, forte e alto, com suas duas mulheres tomando conta de filhos e ajeitando as coisas da casa. Um pouco mais distante estava Tapiakõ, com duas mulheres, a mãe e a filha (de outro pai, certamente), bebê, dois filhos e filha, seu irmão mais novo recém-casado com a filha de Miraketxiá. Ao que parecia, não eram completamente entrosados com o pessoal de Txipatxiá, o que não passou desapercebido dos indigenistas. Os bandos guajá são assim mesmo, compostos por famílias desgarradas de outros, com ascendência distinta, mas agora unidos pelos casamentos dos filhos e para sobreviverem a situações adversas. Eu não sabia como perguntar isso aos meus companheiros Guajá, especialmente Txapanamhum, o "borboleta azul", que era o mais esperto, tão esperto que, na viagem de traslado do bando pela mata, Kamairu havia oferecido a ele dormir com sua mulher Inamitxirakay, como modo de formação de amizade e parentesco.

Passados dois meses, quando foram e vieram outros ajudantes de campo e quando terminava a estação chuvosa, na passagem do Papa João Paulo II pelo Brasil, que ouvíamos na Rádio Nacional por um radinho de pilha, com a ameaça de gente invasora entrar para fazer roça, sem perspectiva de a Funai encarar uma luta pela demarcação do hakwá do bando de Txipatxiá, acordamos que seria melhor levarmos a todos para a terra indígena Caru, do outro lado do rio Pindaré, a uns 40 km, em sendas sinuosas de onde estávamos, passando por dentro da mata que ainda existia e que em breve estaria tomada de sitiantes. No Caru havia certamente outros bandos guajá com quem esse bando poderia conviver e fortalecer o povo Guajá. E num dia de junho, todos avisados, chegamos ao acampamento em um grupo de sete pessoas, inclusive um padre italiano com quem eu fizera amizade anos atrás, missionário do Conselho Indigenista Missionário (CIMI), e convidara a ajudar-me nessa tarefa e depois a olhar pelos Guajá. Os Guajá estavam prontos e nos seguiram. Em três dias chegamos ao igarapé Tabocão que cai também no Pindaré a montante do Mineirinho, já onde poderíamos levar os Guajá, por ser terra indígena Caru. Porém, nem tudo estava indo bem. No segundo dia de jornada, eu mesmo havia cortado um dedo do pé na ponta afiada de uma taquara e claudicava feio em minhas chinelas de borracha. A família de Tapiakõ, nove ao todo, havia saído pela tangente, não se sabia por quê, talvez por desconfiança conosco e para onde seriam levados, e, pior, todos estavam acometidos de uma gripe braba, tossindo, febris e escarrando muito. Nesse tempo já estava conosco o médico da Funai, Dr. Reinaldo Dames, e tínhamos remédio e comida, pois no caminho havíamos esbarrado numa vara de porções e matado sete. Carregávamos farinha e arroz. Havia peixe também no Tabocão. Quando os homens Guajá melhoraram da gripe, decidiram ir à procura de Tapiakõ. No dia seguinte, à tardinha, voltaram desolados trazendo uma mulher com uma filha de colo, um menino e uma mocinha. Haviam deixado uma mulher muito fraca, com seu bebê, e dois homens e um menino estavam mortos por gripe e inanição. Os homens da equipe se arrumaram para ir buscar a mulher, trouxeram-na já sem o bebê, numa rede, dois dias depois. A história que nos foi contada era que o grupo de Tapiakõ havia contraído a gripe e, por isso, desviado da rota. Ele, seu irmão e um filho haviam morrido e, sem ninguém para caçar ou coletar frutos, foram se findando. Ao chegar, a equipe de resgate viu os tipá derrubados sobre os cadáveres, seu rápido enterramento, os macacos heimá pulando pelas árvores ao redor, confusos e desolados, sinal de que não haviam sido molestados ou sacrificados para matar a fome do grupo. Três semanas depois, após minha saída da região, a mulher de Tapiakõ veio a falecer, mesmo com o médico a assistindo. Assim, do bando inicial de 29 pessoas, haviam 24.

O bando de Txipatxiá chegou finalmente ao outro lado do rio Pindaré, na beira do igarapé Presídio, em fins de julho de 1980, e passou a fazer seus tipá nas cercanias de um novo posto indígena criado pela Funai, não muito longe de onde fora há uns 40 anos uma aldeia guajajara. A Funai permaneceu ao lado desse grupo, providenciando as primeiras roças, trazendo remédios, ferramentas, roupas, depois redes, armas de fogo, tudo em quanto, enfim, em certo sentido, ajudando-os a se adaptar a uma vida livre, mas não mais autônoma, mais realista. Em poucas semanas foram surgindo outros bandos guajá da região, desconfiados, mas logo felizes. Ao final de 10 anos, dos 24 originais, chegavam a 94 Guajá, número que aumentaria para 156 até o final da década de 1990. Somando os Guajá do alto Turiaçu e novos bandos contatados, cada vez com menos sacrifício de vidas, e que vivem sob a proteção e assistência de novos postos indígenas em outras áreas, outros hakwá, os Guajá somam hoje mais de 250 pessoas. Há ainda talvez dois grupos autônomos, sem contato, um deles na terra indígena Arariboia, já mencionado, no meio dos Guajajara. Que fazer com eles?

A sobrevivência dos índios Guajá é um feito glorioso para o indigenismo brasileiro, de cunho rondoniano, apesar dos pesares, dos sofrimentos suportados, por tantos mortos, pela usurpação de tantos dos seus hakwá e pelo declínio de sua autonomia política e cultural. O que são hoje e o que virão a ser no futuro?

Ao longo de mais de 30 anos que tenho estado com os Guajá, por semanas e por meses inteiros, aprendi a falar sua língua o suficiente para entender suas perguntas e suas respostas, acompanhar seus mitos e escandi-los depois, instigá-los a pensar sobre sua vida e os reptos que vêm enfrentando, sentindo sua vida um pouco em mim. Desde esse tempo, passam poucos dias sem que me lembre deles, sem que de algum modo sua vida não ressurja no meio da minha, para me orientar ou para me colocar em xeque. Sei que sou responsável por seu destino, de um modo existencial e de um modo político, como brasileiro, não só com aqueles que viraram amigos, cuja amizade, com o tempo, mesmo de longe, vai se tornando infinita, mas também com os demais sem os quais a cultura guajá se perderia.

Os Guajá continuam a caçar guariba e a coletar jabutis e coco babaçu, mas passam mais tempo em suas casas cozinhando batata-doce e inhame, torrando farinha de mandioca, pescando e tomando açaí com farinha e açúcar. Andam de calção, preferem camisa de manga comprida – para afastar um tanto os mosquitos, contra os quais seus corpos vão perdendo a imunidade relativa –, cozinham em panelas de alumínio, gostam de temperar com óleo de cozinha e sal, e cada vez mais preferem os bens obtidos da Funai e o dinheiro sobre o qual aprenderam as noções básicas. A Funai obteve a aposentadoria de seus mais velhos, o que lhes proporcionou uma renda básica e relativamente alta para comprar bens. Os rapazes que nasceram já no período de contato falam algum português regional e a Igreja Católica já deu as caras com missionárias atravessando suas vidas, alfabetizando algumas crianças e politizando os jovens para formar consciência de massa no movimento indígena por ela dirigido. Tudo indica que, a continuar, esse caminho leva à formação de uma consciência difusa pan-indígena de feitio político-missionário, como acomete a outros povos indígenas, até que surjam as dissensões individuais e as tentativas posteriores de se livrarem dessa nova tutela. Enquanto isso, são-lhes alimentados os discursos ideológicos do oprimido e do ressentido, provocando a dinâmica típica do movimento indígena brasileira. Há alternativa para isso? Há sim, mas é difícil de realizá-la, encontrada tão somente entre outros povos que não se deixam esmagar pela mó do missioneirismo, nem pela pseudo-reconfortante ilusão de autonomia político-cultural que lhes oferecem logo aí no horizonte político nacional.

Entrementes, os Guajá vivem e com eles vivo e aprendo. O meu grande companheiro de conversas e de aprendizado sobre os Guajá permanece sendo o Txipatxiá, que é o líder do bando que tive a alegria e a honra de contatar em abril de 1980. Nos anos que se seguiram, estive com esse bando e com outros bandos guajá por cerca de 17 meses, contados salteados, passando semanas ou alguns meses de cada vez. Com eles, da primeira vez, tive três surtos de malária e os vi também malariados diversas vezes. E conversamos muito, eu perguntando, ele respondendo, aos poucos chegando aonde eu intencionava, e ele me perguntando sobre meu mundo e eu buscando responder por meio de palavras mal aprendidas ou por meio de fotos. Andei com Txipatxiá por várias cidades do

Maranhão, especialmente duas semanas em São Luís, onde mostrei-lhe muitas coisas e tentei fazê-lo entender alguns mistérios. O fascínio é grande e mútuo, e as incompreensões são possíveis de serem relevadas para posterior entendimento, ou para serem deixadas de lado, sem esclarecimento. Como poderia aprender a me orientar pelo mato, olhando as árvores, prestando atenção nos relevos e observando a passagem do sol por entre as copas? Ou como eles conseguem cantar, cantar e cantar, sem nenhuma droga estimulante, nenhum tabaco, e se autoinduzirem a entrar numa cabana sagrada e elevar-se aos céus (*iwá*) para estarem com Karawá e voltarem empoderados, abençoados, sacralizados para verterem e derramarem graça espiritual e alívio para os seus parentes? Por sua vez, como eles entenderão que o som que emana de um objeto metálico, a imagem que aparece colorida numa caixa e se move não é algo concreto ou físico dentro da caixa, mas que vem por ondas invisíveis pelos céus? Já entender que a pólvora é o combustível para o cartucho de espingarda e que sob pressão empurra os chumbos para fora é fácil. Enfim, coisas compreensíveis aqui e incompreensíveis ali.

A religião guajá prescinde de sacerdotes ou pajés. Qualquer homem pode elevar-se ao Céu, em vida, transportando-se pela fé, para participar da vida serena das almas que lá vivem e voltar com a graça espiritual para fortalecer os parentes na Terra, ato que ocorre durante o ritual do Karawá. Este é o ser do Céu, o "dono" do Céu, *iwa-iará*, um demiurgo que abriga as almas, sem mais qualquer outra atuação, senão conceder graça. O Céu é o lugar aonde vai a segunda das duas almas dos mortos. A primeira salta fora do corpo e se refugia na mata, *ka´a*, vivendo por um tempo à toa, capaz de assustar pessoas a ponto de transtorná-las e até fazê-las morrer, nos primeiros dias de sua desincorporação. A segunda alma vai direto ao Céu, o reino de Karawá. Não há influência cristã nessa crença. Outros povos tupis a têm com semelhanças. Porém, na vida cotidiana, existem os animais e seus espíritos, os elementos da natureza e seus espíritos, chamados de "donos" ou "senhores", *-iará*, que têm relações diretas com os humanos, que são de certo modo seres humanos em corpos de animais, nos mitos e no pensamento religioso. Os mitos primordiais falam da convivência dos homens com os animais, do demiurgo que escolheu os homens para serem homens tal como os Guajá, e deixou os animais a serem animais. Uma ambiguidade intrinca a relação entre homens e animais. A religião guajá é um anseio pela naturalidade da vida, perdida pelo corte que se fez entre homens e animais e ainda opaco e ambíguo. Ao matar um animal para comer, há que reconhecer o perigo dessa ambiguidade.

Nas conversas com Txipatxiá sobre o reino de Karawá, ele me apontava o lugar do Céu, além das nuvens e além do manto azul. Um dia, por conta de um sobrevoo que eu estava para fazer para avaliar o território dos bandos guajá da região entre os rios Caru e Turiaçu, convidei Txipatxiá para ir comigo no helicóptero. Era um risco que ele aceitou mesmo sem saber o que era um helicóptero, que veio a vê-lo na hora mesmo de sua descida na clareira que abrimos perto de sua aldeia. Txipatxiá não demonstrou qualquer vacilo em entrar no helicóptero e afivelar o cinto de segurança. Sua subida teve algum susto, que se repetia nos vácuos pelos quais passava a aeronave. Subimos e subimos a uns 800 metros, um pouco mais alto às vezes, de onde víamos abaixo a mata espessa e os rios serpenteando. Ele reconhecia tudo como um profissional. Sua visão, tão acostumada com curtas distâncias dentro da mata, logo se adaptou à nova perspectiva. Da aldeia Awá fomos até a aldeia Alto Turiaçu, uns 150 km no voar de arara, e Txipatxiá sem sentir medo. Contra o barulho alto do motor eu gritava para ele olhar para baixo ou para cima. Para baixo para ver os rios, um ipê florido, os riachos, o relevo dos pequenos morros, as escarpas da serra do Tiracambu, Wytyramài, como a chamam, e, para o alto, para ver que estávamos acima das nuvens baixas. Quando baixamos na aldeia Alto Turiaçu, os demais Guajá ficaram abismados de ver sair do helicóptero um homem como eles, um Guajá. Foi uma festa, nunca o tinham visto, não sabiam dele e de seu bando, até que eu viesse a falar deles uns para os outros. Nessa noite, conversando com todos eles ao redor de uma fogueira, perguntei-lhes, e a Txipatxiá, em especial, onde estaria o reino de Karawá, que não o havíamos visto no alto, já perto do Céu, e ele não vacilou em dizer que o reino de Karawá era mais para cima ainda, furando o azul e além. E era para lá que eles iam quando se transplantavam em espírito no seu ritual mais sagrado. Pronto, a resposta é dada sem titubeio: o espiritual não requer espacialidade física comprovada.

Esse evento é relembrado para esclarecer um aspecto da natureza hiperdialética do indivíduo Txipatxiá. Dadas as informações possíveis que levam às convencionalidades, às aporias e aos becos sem saída, sempre se pode criar uma escapadela, uma explicação estratégica que se abra para novos horizontes.

A viagem de volta fizemos alguns dias depois andando a pé, 22 km pela mata, até uma aldeia dos índios Urubu-Kaapor, inimigos tradicionais dos Guajá, de onde sairíamos atravessando um carrascal de capoeiras até o mundo dos karaí, chegando ao povoado Igarapé Grande, de onde tomaríamos um caminhão para o asfalto. Fizemos essa viagem junto ao meu filho Gabriel, com 9 anos, e mais um companheiro Urubu-Kaapor, que estava na aldeia Alto Turiaçu por acaso, hospedado no posto indígena e talvez iniciando um namoro com uma moça Guajá. Viagem excepcional por tantos méritos, inclusive um de sentir o barulho surdo de um animal correndo e de repente ver uma onça-pintada pulando, esticando-se toda, cruzando a vereda a poucos metros à minha frente, ainda hoje permanecendo na memória de minhas alegres retinas. À noite, os Urubu-Kaapor nos convidaram para comer porcão moqueado e conversar. Passamos algumas horas juntos, os anfitriões descontraídos, meio na sacanagem, perguntando a Txipatxiá sobre sua vida e seu povo, ele mal entendendo, mas entendendo mesmo assim, pois as duas línguas se parecem entre si, como o português de uma outra língua latina. Eu no meio traduzia o que podia, aquilo que ficava menos claro. Despedimo-nos já tarde e voltamos ao quarto de depósito da escola da aldeia, onde havíamos armado nossas redes. Já acomodados, dormitando, de repente, Txipatxiá, como que fazendo uma avaliação da conversa há pouco, puxou minha rede para me chamar a atenção e me disse, em guajá, "eles são como nós". Levei algum tempo para entender precisamente o que ele dizia, o que suas palavras significavam, e aí me dei conta, como uma iluminação, que Txipatxiá estava exercendo sua capacidade etnoexocêntrica de compreender o Outro, como um ser hiperdialético que é, num nível além das determinações etnocêntricas de sua cultura, das injunções da lógica que a domina, a lógica da pré-identidade, que a prende ao seu etnocentrismo essencial, para além da compreensão da verdade fenomenológica e da verdade por adequação, e sim para alcançar a verdade pelo amor!

Txipatxiá entendeu os Urubu-Kaapor, seus inimigos, como seres iguais a todos nós, e para isso usou o pronome da 1ª pessoal do plural inclusiva, como nas línguas tupi-guaranis, *niãniã*, e não o "nós" restrito, *txí*.

Tal afirmação, que me causou tanto fervor antropológico nos meses seguintes e me motivou a pensar que todos os homens são capazes de compreender uns aos outros, resultando na formulação do conceito de etnoexocentrismo, não quer dizer que seria por si só capaz de apagar de Txipatxiá todas as ressalvas históricas que ele teria dos Urubu-Kaapor, muito menos aquelas advindas de sua própria cultura. Seu etnoexocentrismo é uma potencialidade que só se exerce em determinadas condições de não adversidade histórica, algo que de fato estava acontecendo na região em virtude da intermediação política do órgão indigenista do Estado brasileiro, a Funai.

Txipatxiá é um indivíduo excepcional, realmente, mas seu etnoexocentrismo não é excepcional. Outros Guajá têm a mesma potencialidade, e igualmente quaisquer outros indivíduos de outros povos indígenas. É só terem condições para exercer esse potencial.

O processo de formação da Antropologia como discurso científico é o processo do florescimento do etnoexocentrismo potencializado na cultural ocidental, o qual germinou, após o choque da descoberta das Américas, nas visões de Thomas More, Michel de Montaigne e Jean-Jacques Rousseau. Passando por todas as fases do desabrochar desse etnoexocentrismo, culminando com a ênfase relativista e culturalista da escola boasiana, externalizando-se com o reconhecimento do poder controlador do inconsciente coletivo, defendendo-se da tentativa totalizadora da dialética evolucionista, diluindo-se com a dessubstancialização e dessubjetivização do fenômeno cultural com o estruturalismo, agora temos a possibilidade de fincar um novo marco pela síntese hiperdialética de todas as escolas já reveladas no desvelamento das lógicas potenciais do Homem, marco pelo qual o etnoexocentrismo poderá prevalecer sobre o etnocentrismo não só como um potencial, mas como a representação da força maior do Homem se impondo na cultura, constituindo uma nova cultura pela validação da verdade que se apresenta para além da verdade fenomenológica, da verdade parcial e ambígua, da verdade do real por vitoriosa, e da verdade científica por adequação, mas sim pela síntese hiperdialética de todas essas possibilidades da verdade, que se consolida pela verdade do amor, a compreensão máxima do Homem. Essa é a lição que Txipatxiá e os Guajá nos dão, do âmago mais profundo de sua vida de caçador-coletor, do primordial *Homo sapiens* se desvelando por igual na Humanidade.

Notas

1. As ideias de Luiz Sérgio Coelho de Sampaio ainda são pouco conhecidas no meio acadêmico e intelectual brasileiro, visto que somente uma pequena parte de sua obra está publicada. As duas indicações apresentadas constituem um resumo do sistema lógico hiperdialético e estão acessíveis ao leitor. São elas: *Lógica Ressuscitada*: Sete Ensaios, Rio de Janeiro: Eduerj, 2001 e *Lógica da Diferença*, Rio de Janeiro: Eduerj, 2002. Outras obras serão publicadas ao longo dos próximos anos. Nesse sentido, o presente livro é uma aplicação do potencial dessas ideias e visa também a dar relevância a elas.
2. Chamar de dimensões internas ou constitutivas do Ser corresponde ao que Sampaio, em seu trabalho inédito sobre lógicas, *Noções Elementares de Lógica*, escreve sobre a "correspondência estreita entre as variedades dos modos-de-pensar e as variedades dos modos-de-ser...".
3. A famosa frase de Descartes, "Penso, logo existo", não corresponde exclusivamente à lógica I. O pensar é um ato em si, o existir é outro. Pensar corresponde à lógica I, mas existir corresponde à lógica D. Como sugeriu o filósofo e amigo Saul Fucs, pela lógica I, quem pensa pode ter certeza de que pensa, mas não necessariamente de que existe.
4. Na verdade, os animais agem também pela Lógica Dialética, porque eles são capazes de perceber a unidade, a multiplicidade e a totalidade abstrata do Um com o Múltiplo. Algo que alguns teóricos da cultura recentes nem se dão conta, particularmente aqueles que afirmam que a cultura não existe, apenas culturas.
5. Entre elas, trabalhos sobre Física, Matemática, Economia, Psicologia, Teoria da Cultura e Teologia, além das formulações axiomáticas sobre a própria lógica.
6. Ver *Física Moderna*, Rio de Janeiro, Ágora da Ilha, 2004.
7. Etnoexocentrismo é o oposto de etnocentrismo como potencial positivo do ser humano e de sua cultura em ver no Outro e em outra cultura um equivalente a si. Esse conceito está desenvolvido no meu livro *Antropologia*, capítulo "A abrangência da Antropologia", São Paulo, Contexto, 2008.
8. Podemos propor rapidamente que, dentro da história do pensamento antropológico *stricto sensu*, a *Utopia* seria uma obra de cunho lógico-dimensional pré-I, no nível objetivo da história da disciplina (seus primórdios pré-científicos), onde a cultura é compreendida como uma possibilidade existencial ainda não simbolizada pela ciência; já o ensaio *Os Canibais* funcionaria como uma dimensão pré-D, dando contraste, propondo dúvidas, sugerindo a tolerância, expondo o etnoexocentrismo potencial; já a *Origem e fundamentos da desigualdade entre os homens* teria a função dimensional pré-I/D de sintetizar essas duas obras, esses dois modos de pensar, que, ao final, na incepção do nível subjetivo da história do pensamento antropológico, chegaria ao evolucionismo sociocultural como a primeira manifestação científica deste pensamento.
9. Em português, há uma edição com o título *Sociedade Antiga*, Lisboa, Editorial, 197?.
10. A Lógica da Diferença está por trás do raciocínio de tais filósofos como Pascal, Kierkegaard, Nietzsche, Heidegger e, mais recentemente, Lacan, Foucault e Deleuze. Lacan, particularmente, nomeia esta lógica pela expressão "lógica do significante", creditando-lhe o funcionamento do inconsciente, da arte e do sonho. Por sua vez, Sampaio atribui à Lógica da Diferença o início da Filosofia grega, isto é, a lógica que pergunta pelo Ser a partir de uma perspectiva diferente do Ser. A Filosofia grega e sua religião (trágica) são as mais altas manifestações do funcionamento de uma cultura baseada na Lógica da Diferença, isto é, pela dimensão da alteridade. É por isso que é a cultura grega antiga a cultura nodal da Lógica da Diferença. Ver Sampaio, *Lógica Ressuscitada*, op. cit.
11. Agradeço ao matemático Gregório Chaitin por me chamar a atenção para o surgimento da estatística de Boltzmann por volta de 1870.

[12] Vide, por exemplo, Noam Chomsky reclamando que talvez seja por limitações dele sua dificuldade em entender o que os pós-modernos escrevem. Disponível em: <http://pt.wikipedia.org/wiki/Noam_Chomsky#cite_ref-Revista_Zmag.2C_Ci.C3.AAncia_1-0>. Acesso em: 20 set. 2010.

[13] A propósito, queremos deixar claro que entendemos o funcionamento do inconsciente coletivo, seja ele manifestado como sociedade ou como cultura, não absolutamente por meio de um suposto inconsciente, (jungiano, por exemplo) ou por transmissão positivista de conceitos e valores. Entendemos que a transmissão social é regulada pelo raciocínio simbólico que envolve tanto formas e conceitos conscientes como inconscientes. O raciocínio simbólico é regulado justamente pela Lógica da Diferença, ou, como Lacan colocou, a lógica do significante.

[14] Podemos lembrar aqui que, para Heidegger, o Nada existe, o que significa, nos termos sampaianos, que ele seria uma espécie de dimensão da Lógica da Diferença. Isto é, o Nada é explicável.

[15] Com efeito, o indivíduo ou o ser-em-si é o fundamento desta dimensão. Como previamente sugerido, a religião hebraica, ou seja, o monoteísmo do deus simbólico, absoluto, estabelecido por Moisés contra os adoradores do bezerro de ouro, é a manifestação espiritual ou religiosa desta dimensão conforme vivenciada em uma cultura. Na verdade, a religião hebraica é a primeira a se espiritualizar, a fugir da materialidade, ao utilizar uma abstração, a palavra, o símbolo autorreferenciado, explicado em seus próprios termos, como na frase "Eu sou o que sou... Nada está fora de mim", que é a própria representação do Ser, de Deus, do primeiro e único.

[16] Podemos relembrar as tentativas abstrusas e desonestas feitas por Stalin e o biólogo russo Trofim Lysenko (1898-1976) no uso da dialética como referencial para as ciências naturais.

[17] A posição de Sartre está em seu livro *Crítica da Razão Dialética* (Rio de Janeiro, DP&A Editora, 2002), enquanto Lévi-Strauss produz seu argumento no capítulo final de *O Pensamento Selvagem* (Campinas: Papirus, 1993).

[18] Nesse sentido, a mudança mais parece no sentido dado por Heráclito (o eterno devir), do que por Hegel (sentido para um fim).

[19] Ver Lévi-Strauss, "A noção de estrutura em etnologia", em *Antropologia Estrutural*, 2. ed., Rio de Janeiro, Tempo Brasileiro, 1970, p. 302.

[20] Lévi-Strauss trata a história na continuidade desse artigo, distinguindo uma certa história "mecânica", própria de sociedades primitivas, cujo tempo não seria linear, e de uma história "estatística", própria de sociedades tipo civilizadas, onde as mudanças repercutem em transformações nos modelos saindo do esquadro de grupos de transformação. No debate entre Boas (I) e White (I/D), se há ou não há evolução cultural, Lévi-Strauss fica com o primeiro ao acusar o segundo de usar da dialética em sociedades explicadas pelo modelo mecânico!

[21] É interessante observar que não é sem contestação e mal-estar que se desencadeou de forma voluptuosa o movimento pós-modernista nos Estados Unidos, por precisamente se opor ao caráter da cultura americana – uma cultura de tipo nodal da Lógica Sistêmica. A cultura americana tem como seu mais importante operador a Lógica da Identidade, representado pela figura do *self-made man* ou do indivíduo salvador, que vira e mexe corrige os desvios do sistema. O caráter sistêmico da cultura americana incorpora todas as anteriores dimensões, mas não faz bom uso da dialética. Assim, está aberta para o Outro, é compreensível da sua singularidade, mas tem muito pouca capacidade para integrar o Outro dentro de si. É por isso que o multiculturalismo, que se baseia na Lógica da Diferença – que é a aceitação do Outro conquanto que no seu nicho próprio –, parece para muitos estudiosos uma atitude política adequada para aquela cultura. Generalizar para outras culturas é que parece despropositado. Por outro lado, a cultura científica americana, (D/D), – que é geralmente estimada como sendo baseada numa metodologia pragmática caracterizada pelo experimentalismo (I/D) e empirismo (D), com uma visão do fenômeno aberta, oportunista e a posteriorística – comporta sua dose de alteridade (D), na medida em que tende a rejeitar esquematizações e totalizações mal ajambradas. A única pedra no meio do caminho da natureza científica da cultura americana, mas que é extremamente importante como outro operador do sistema, é a religiosidade americana. Essa religiosidade continua a ser uma forma de cristianismo puritano setecentista (I/D com tendência a regredir a I) que exige rígida firmeza de propósito, compromisso de fé e fidelidade. Por tudo isso, pode-se concluir que falta à cultura americana o senso de história!

[22] Para Sampaio, homem e mulher portam a mesma Lógica Hiperdialética, porém constituída pela síntese de dois conjuntos diferentes das lógicas que compõem a Lógica Hiperdialética. Qual seja, a mulher é hiperdialética pela conjunção da Lógica da Diferença (D, ou a dimensão da alteridade) com a Lógica Dialética (I/D, a dimensão dialética); o homem, pela Lógica da Identidade (I, dimensão da autoidentidade) com a lógica do sistema (D/2, dimensão sistêmica).

O Autor

Mércio Pereira Gomes tem 60 anos, é antropólogo e professor universitário. É autor de livros sobre história e relações interétnicas no Brasil, o povo indígena Tenetehara, meio ambiente e sociedade na Holanda, o antropólogo e político Darcy Ribeiro, além de *Antropologia*, livro-texto publicado na Contexto. Cursou Antropologia, Linguística e História nas universidades do Oregon, Tulane e Flórida, nos Estados Unidos, nos anos 1970. Foi professor da Unicamp, UERJ e Universidade Federal Fluminense, e ministrou cursos e palestras em outras universidades nacionais e estrangeiras.

Atualmente é professor do programa de Pós-Graduação em História da Ciência, das Técnicas e da Epistemologia (HCTE) da UFRJ. Sua visão otimista do homem fê-lo perceber que o incipiente crescimento demográfico dos povos indígenas, ainda na década de 1970, iria levá-los a um novo panorama de relacionamento com a sociedade brasileira. Com efeito, hoje os índios clamam por um novo espaço político-cultural no mundo contemporâneo, e Mércio Pereira Gomes se apresenta engajado com eles nesse afã. De 2003 a 2007, foi presidente da Fundação Nacional do Índio (Funai), em cujo mister ajudou a demarcar mais de 60 terras indígenas que hoje, em sua totalidade, perfazem cerca de 13% do território brasileiro.

Em 2007, colaborou ativamente na formulação da Declaração Universal dos Direitos dos Povos Indígenas, votada pela ONU. Mércio se diz descendente da ramagem intelectual brasileira que acredita e luta para que o Brasil se torne uma "Nação igualitária", com senso de alegria cultural e engajamento no mundo. O livro *Antropologia Hiperdialética* é um esforço para teorizar sobre essa visão da Humanidade e do mundo, seguindo a visão filosófica de Luiz Sérgio Coelho de Sampaio.

GRÁFICA PAYM
Tel. (011) 4392-3344
paym@terra.com.br